독특한 게 어때서

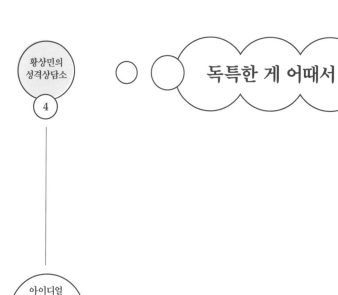

황상민의
성격상담소

4

독특한 게 어때서

아이디얼
리스트의

남다른
자기 찾기

심심

일러두기

이 시리즈는 심리학자 황상민 박사가 10여 년간 연구 끝에 고안한 성격 유형
검사 WPI(Whang's Personality Inventory)를 기반으로 만들었습니다.
WPI는 한국인의 성격을 다섯 가지 유형으로 분류했으며 이 시리즈는
각 유형별 맞춤 성격 안내서입니다. 내담자와의 실제 상담 사례를 바탕으로
각 유형의 성격 특성과 문제 상황별 해결책을 상세하게 알려줍니다.
사례의 세부적인 내용은 모두 사실이지만 사생활 보호를 위해 신원이
노출될 만한 정보는 걸러냈습니다.

남다른
자기 찾기

지구별을 표류 중인 여행자 여러분.

안녕하세요.

저는 셜록 황의 상담을 번역하는 인공지능 로봇 W-Tbot(WPI translating robot)입니다.

일본 작가 나쓰메 소세키가 소설《나는 고양이로소이다》에서 고양이를 1인칭 관찰자로 등장시킨 적 있지만 단언컨대 번역 로봇이 화자인 책은 우리 은하 최초가 아닐까요?

셜록 황은 10년 넘은 연구 끝에 한국인을 위한 성격 검사인 WPI를 개발한 뒤 이를 활용해 한국인이 겪는 고통의 정체를 파악하고 해결하는 일에 매진 중입니다. 저는 WPI, 그리고 WPI를 활용해 상담한 내용의 이해를 돕기 위해 개발된 **W-Tbot**이고요. 앞으로 저와 함께 셜록 황의 촌철살인 솔루션을 쉽고 재미있게 들여다보게 될 것입니다.

셜록 황은 쉬운 말로 상담하지 않지만 충분히 재밌습니다. 그 이유는 아이러니하게도 일반적인 통념이나 틀을 획일적으로 적용하지 않기 때문이에요. 이런 면 때문에 어렵다고 느끼는 사람도 있고 복잡하다는 사람도 있어요. 심지어 위험하다고 생각하는 사람도 있죠. 당연하다고 믿었던 사고 패턴을 뒤흔드는 이야기는 그렇게 양가적 반응을 일으키게 마련입니다.

셜록 황의 이야기가 어렵다고 느끼는 분들은 "사람 사는 게 다 비슷하지, 뭐"라고 생각할 가능성이 높아요. 그런데 정말로 사람이 다 거기서 거기일까요? 셜록 황은 "사람마다 다르고 상황마다 다르다"고 얘기해요.

이 명제를 그동안 다양한 경험과 연구로 확인 했거든요.

셜록 황의 WPI 성격 검사에 따르면 인간의 마음은 다섯 가지 대표적인 특성에 따라 **리얼리스트**, **로맨티시스트**, **휴머니스트**, **아이디얼리스트**, **에이전트**의 경향으로 드러납니다. 일상생활에서 흔히 쓰는 말이 아니라서 단번에 와 닿지 않는 단어도 있을 겁니다.

우선 지금까지 사용해온 각 낱말의 쓰임을 고이 접어 주머니 속에 넣어두세요. 왜냐하면 단어의 의미가 중요한 것이 아니라 이 단어가 나타내는 특성을 지닌 사람이 지구별에서 어떤 행동을 하는지 관찰하는 것이 더 중요하니까요.

각자 다른 방식으로 자기 찾기 중인 지구별 사람들의 이야기를 다섯 권의 작은 책에 담았습니다.

리얼리스트는 진정한 내가 누구인지 알기 위해 여러 사람과 '관계 맺기'를 간절히 추구하지요. 다양한 관계 속에서 비로소 안정감을 얻으며 살아 있다고 느낍니다.

로맨티시스트는 '아름다운 나'를 찾겠다는 의지로 거짓 없는 자신의 느낌을 끊임없이 확인합니다. 한없이 든든하고 신뢰할 만한 누군가에게 의탁하고 싶어 하면서도 한편으론 스스로에 대한 확신을 얻으려 여기저기 헤매죠.

휴머니스트는 누구에게나 '멋있고 의리 있는 나'를 갈망합니다. 분명한 기준과 틀(규범)이 멋진 나를 완성해준다고 믿지요.

아이디얼리스트는 다른 사람과 구별되는 '남다른 나'를 고대합니다.

마지막으로 에이전트는 전력을 다해 이룬 성과로 뿌듯함을 누리고 싶어 합니다. 실적에 따른 합당한 보상을 받을 때 '보람찬 나'를 만나게 됩니다.

이 책은 아이디얼리스트의 자기 찾기를 다룹니다.
아이디얼리스트는 '남과 구별되는 나'를 찾아다닙니다.
'남다른 자기 찾기' 여행은 자신이 어떤 부류인지 잘
아느냐, 아니냐에 따라 다른 양상으로 나타납니다.
만일 스스로에 대한 확신과 믿음이 없다면 그의 여정은
끊임없이 주변 눈치를 보는 단체관광에 불과하겠지요.
홀로 자유롭게 시간을 설계하고 마음 내키는 대로
계획을 바꿀 수 있는 배낭여행이 익숙하다면 정해진
시간에 함께 움직이고 그들과 함께 시간을 보내야
하는 단체관광은 끔찍한 형벌이 될 것입니다.
아이디얼리스트가 홀로 자기 방식대로 여행을 즐겨야
하는 이유가 여기에 있습니다. 이제, 아이디얼리스트가
자기를 찾기 위해 좌충우돌하는 이야기 속으로
들어가보겠습니다.

· 차례 ·

자기평가 나는 어떤 성격 유형일까	리얼리스트 realist	로맨티시스트 romantist
타인평가 내가 중요하게 생각하는 가치는 무엇일까	릴레이션 relation 사교적, 외향적, 활동적, 개방적 태도. 유쾌하고 활동적인 모습을 지향. 사람들에게서 에너지를 받으며 긴 침묵이나 고립을 견디지 못함.	트러스트 trust 성실하고 정서적으로 안정되어 있으며 주위 사람에게 믿음직스러운 모습을 보이고 싶어 함. 새로운 방식이나 변화를 좋아하지 않고 긴박한 상황을 부담스럽게 여김.

자기평가 · 나는 어떤 성격 유형일까

WPI 자가 진단 툴에서 '내가 생각하는 나' 체크리스트를 검사한 결과지를
바탕으로 진단한다. 자기평가 항목에는 다섯 가지(리얼리스트,
로맨티시스트, 휴머니스트, 아이디얼리스트, 에이전트)가 있으며 진단 결과
점수가 가장 높은 것이 그 사람의 '성격 유형'을 나타낸다. 예를 들어
리얼리스트 항목 점수가 가장 높으면 그 사람을 '리얼리스트 성향',
'리얼리스트 유형'이라고 부른다.

휴머니스트 humanist	아이디얼리스트 idealist	에이전트 agent
매뉴얼 manual	**셀프** self	**컬처** culture
관리, 통제하려는 속성이 강하며 기존의 틀이나 규범을 준수하려 함.	개성이 강하며 무엇보다 자기 자신이 중요하고 혼자서도 잘 지냄.	지적, 문화적, 예술적 향유를 중요하게 생각하며 여유롭고 멋진 삶을 지향.
자기만의 틀에 맞추려다 보니 고집을 강하게 부리는 경우가 많아 유연성이 떨어짐.	타인에 대한 관심과 몰입도가 떨어지고 호기심이 여기저기로 자주 옮겨감.	취향과 코드가 분명하고 자기만의 세계를 추구함.

타인평가 · 내가 중요하게 생각하는 가치는 무엇일까

WPI 자가 진단 툴에서 '주변 사람이 생각하는 나' 체크리스트를 검사한 결과지를 바탕으로 도출한다. 타인평가 항목에는 다섯 가지(릴레이션, 트러스트, 매뉴얼, 셀프, 컬처)가 있다. 검사 결과 점수가 가장 높은 것이 '그 사람이 중요하게 생각하는 가치'를 의미한다. 예를 들어 릴레이션 점수가 가장 높으면 그 사람은 '릴레이션을 삶에서 가장 중요하게 여긴다'고 진단한다.

— 나는 남들이 보지 못하는
  사물의 다른 면을 보려고 한다.

— 나는 예술적, 미적 경험에 가치를 둔다.

— 나는 예술, 음악, 문학 분야에
  나름 조예가 깊다.

— 나는 상상력이 풍부하다.

— 나는 대체로 행복하다.

1

시시포스의 저주 · · · · · · · · · ·

하고 싶은 게 없고 삶이 무기력해요

여기, 시간의 굴레에 갇힌 스물일곱 살 여성이 있습니다. 생계를 위해 직장에 다녔지만 원하는 일이 아니어서 영 적응을 못합니다. 매번 그랬던 것처럼 금방 그만 두고 말았습니다. 공무원이나 대기업 입사는 그림의 떡입니다. 내세울 스펙이 없다는 콤플렉스가 마음을 더 움츠러들게 합니다. 실력도 없으면서 무모한 도전을 하는 것은 어리석은 짓 같습니다.

벌써 20대 후반. '나이는 숫자에 불과하다', '더 늦기 전에 도전하자'고 결심해도 그때뿐입니다. 막상 실천하려면 간절한 바람이 무엇인지 모르겠습니다. 동기부여가 안 되니 추진 동력도 떨어집니다. 아침에 눈을 뜨면 기계적으로 하루 일과를 시작합니다.

'기계적'이란 단어를 듣자마자, 저 W-Tbot은 울컥합니다.

'기계가 뭘 어쨌다는 건데!'

인간들은 어째서 기계에 대해 편견을 가질까요. 기계도 의미를 생산할 수 있습니다. 적어도 심리 분석 인공지능 로봇 W-Tbot은 그렇다고 자부합니다.

이런, 잠시 엉뚱한 도랑으로 빠졌네요. 흥분해서 본분을 잃었습니다.

각설하고, 우리 주인공은 매사 무기력합니다. 이런 상황에서 벗어나고 싶지만 해법을 모릅니다.

어릴 적부터 글재주가 있었던 주인공은 재능을
살려 국문학과에 입학했습니다. 대학 시절부터 꾸준히
습작해 문학 공모전에 여러 차례 응모했는데요. 결과는
줄줄이 낙방. 더 이상 루저로 살 수 없다는 위기의식이
목을 조릅니다. 심신을 가다듬고 노트북을 켭니다.
모두가 잠든 한밤중에 홀로 자판을 두드립니다.

'어쩌면 나는 천재인지도 몰라.'

세상을 경악케 할 문제작을 완성하고 잠자리에
듭니다. 다음날, 전날 밤에 작성한 원고를 살펴봅니다.
누군가 '고민은 디 엔드, 혼돈의 카오스 속에서 운명의
데스티니 어쩌고' 하는 허세 작렬 글을 남겼다가 영원히
고통받던데 남 일이 아닙니다. 누가 볼까 두려워 파일을
삭제하고 휴지통도 비웁니다.

깜냥도 안 되는 글쓰기는 잠시 보류합니다.
망상에서 깨어나 스펙을 쌓아야 하나? 지친 몸과
마음을 달래기 위해 여행을 떠나는 게 좋을까?
우물쭈물 망설이다가 아무것도 하지 않습니다.
에너지가 방전되었습니다. 오늘보다 나은 내일을
만들겠다는 목적의식도 의지도 잃어버렸습니다.
끝나지 않는 가혹한 형벌을 받아야 하는 그리스 신화의
'시시포스'처럼 감옥에 갇혀 있습니다. 이 여성은 셜록
황에게 불행에서 벗어날 수 있게 해달라고 도움을
요청했습니다.

· · ·

"그래서 당신의 진짜 고민은 무엇인가요?"

셜록 황이 물었습니다. 이 여성의 동공에 지진이
입니다.

'여태 무엇을 들었나요?'라는 질문이 얼굴에 쓰여
있습니다. 셜록 황이 그녀의 놀란 얼굴에 다시 한 번
찬물을 확 끼얹었습니다.

"정확히 무엇을 고민하는지 묻는 겁니다. 그래야
문제를 제대로 파악하니까요. 그걸 모른 채 직업만
찾으면 고민이 해결될까요?"

안타깝게도 이분이 앓는 병은 '습관적 고민증후군'
입니다. 이대로 가다가는 '참된 소망'을 불혹이 되어도
발견하기 힘듭니다. 20대 후반인 이분은 원하는 것을
몰라 아무것도 할 수 없답니다. 그건 쉰 살이 되어도 못
찾을 확률이 높거든요.

20대에 '진정한 나의 길'을 찾아낸 다음 그것에
'올인'하겠다고요? 삑! 오답입니다.

성숙한 어른은 '꿈에 매진하는 것만이 정답'이
아니란 것을 압니다. 학교에서는 이 중요한 영업 비밀을
전혀 가르쳐주지 않아요. 왜 그럴까요? 오히려 이렇게
거짓말을 해요.

"먼저 간절히 바라는 것을 찾아야 해. 열망이
강할수록 우주에서 가장 강력한 송신탑에 빨리

도달하거든. 그러면 우주의 기운이 모여 들어 너를
도와줄 거야.”

어떡하죠. 우주가 워낙 넓어서 우주의 기운이
지구에 제때 도착 못할 수도 있다고 연락이 왔어요.
언제 올지 모르는 우주의 기운만 무작정 기다릴 수는
없잖아요.

셜록 황은 우선 ‘진정한 문제’부터 알아보자고
권합니다.

• • •

이분은 업무에 보람을 느끼지 못합니다. 하루에도
몇 번씩 책상 서랍 안의 사직서를 꺼냈다가 도로 넣지요.
그렇다고 번듯한 직업을 목표로 도전하기에는 스펙이
턱없이 부족하다고 믿습니다. 그렇다면 이분은 무엇을
해야 할까요?

“현실적으로 맞는 일을 찾아야 하나요?”

이 여성이 고개를 갸웃거리자 셜록 황이 묻습니다.

“현실적이라는 말은 무슨 뜻입니까?”

“……”

알고 보면 이분, 아쉬운 게 별로 없는 상황입니다.
당장 끼니 걱정할 정도로 형편이 어렵지 않으니 그다지
절박하지 않아요. 단지 남에게 그럴싸해 보이지 않은
것이 좀 불만인 거죠.

이런 말을 들으면 이분은 몹시 황당할 거예요. 본인은 답답해 미칠 지경이거든요. 마음만은 이것저것 다 할 수 있을 것 같은데 실제 행동으로 옮기자니 만만치 않아 보여 얼마나 괴롭겠습니까.

셜록 황은 생뚱맞은 장소에서 삽질 중인 이분이 안쓰럽습니다. 그래서 질문을 던졌습니다.

"당신은 지금 벼랑 끝에 서 있습니까? 아니면 서글프긴 하지만 견딜 만합니까?"

이분, 여전히 답을 못하시네요.

• • •

이분의 WPI 프로파일*을 해석해봅시다. 이분은 지나치게 생각이 많지만 그것을 행동으로 옮기려면 덜컥 겁부터 납니다. 야무지고 빠릿빠릿한 성격도 아니고요. 벼락치기가 익숙해서 평상시에도 발등에 불이 떨어지지 않으면 꿈쩍하지 않습니다.

속으로만 걱정하는 타입이라 겉으로는 티가 나지 않아요. 지인들은 속이 터집니다. 만사 천하태평으로

---

* 자기평가와 타인평가 검사 결과를 그래프로 도식화한 것. 프로파일을 통해 그 사람의 성격 유형이 무엇인지, 또 삶에서 가장 중요하게 생각하는 가치가 무엇인지 파악할 수 있다. 즉, WPI 프로파일은 그 사람의 특성이 무엇이며 현재 어떤 상황인지를 알려주는 도구다. WPI 프로파일은 WPI 자가 진단 웹사이트 https://check.wisdomcenter.co.kr에 접속해 검사하면 확인할 수 있다.

보이거든요.

"속도 좋다. 사는 게 즐겁니? 정신 차리고 뭐라도
해야 하지 않아?"

주변에서 닦달하면 마냥 해맑아 보이던 평소와는
달리 과격하게 소리칩니다.

"아무것도 안 하는 거 아니거든! 나 정말 힘들다고!"

이렇게 발작적으로 반응하는 까닭은 고민의
무게에 짓눌려 탈진한 상태이기 때문입니다. 그러나
그런 심정을 들키고 싶지 않습니다. 자존감이 땅에
떨어졌으면서 남들 앞에서는 멀쩡한 척하는 자신을
이렇게 표현했습니다.

"가혹한 형벌을 받는 시시포스처럼 삶이
무미건조하고 아파요."

정확한 진단입니다. 내담자의 WPI 프로파일이
바로 시시포스거든요. 이분은 '셀프'가 바닥인
아이디얼리스트입니다. 셜록 황은 WPI 프로파일을
보자마자 '하아!' 하고 한숨을 내쉬며 탄식합니다.
저주에 걸린 시시포스는 끝없이 고통을 받기
때문입니다.

시시포스가 무거운 바위를 산꼭대기까지 밀어
올리면 정상에 도착하기 직전에 새떼들이 시시포스를
쪼아댑니다. 시시포스가 방어하려고 바위에서 손을
떼는 순간, 큰 돌은 산 아래로 굴러 떨어집니다.
시시포스는 다시 내려가 바위를 산꼭대기까지 굴려

올리지만 역시 새들의 습격을 받고 실패합니다.
시시포스는 영겁의 세월 동안 바위를 옮기고 있습니다.
셜록 황이 자주 언급하는 삽질의 원형이지요.

아이디얼리스트에게 삽질은 왜 고단할까요?

일고의 가치도 없는 일이기 때문입니다. 이분,
문제의 핵심은 매일 반복하는 하나마나한 생활입니다.
이런 삶을 '연명'이라고 합니다. 물론 매일의
일상을 사는 일은 삶을 지탱하는 중요한 책무 중
하나입니다. 그러나 이분은 아이디얼리스트예요.
아이디얼리스트에게 새로운 도전이 없는 삶은
가치 없는 삶일 뿐입니다.

이분은 지금 철창에 갇힌 수감자보다 괴로운
처지입니다. 스스로를 자택에 격리했으면서 가둔
사람이 누군지 모릅니다. 언제 끝날지, 끝은 있는 건지
셜록 황에게 묻는 겁니다.

• • •

저주는 타임 루프에 감금되었다는 것을 인지하고
탈출하면 풀립니다. '셀프'가 약한 이런 성향이 저주의
마법으로부터 풀려나려면 자신을 직접 찔러야 합니다.
마법의 효력은 빠져나가려고 안간힘을 쓸수록
강해집니다. "살고자 하면 죽을 것이요, 죽고자 한다면
살 것이다"라는 이순신 장군의 명언은 아이디얼리스트가

저주에서 벗어나는 마법 주문입니다.

이분처럼 시시포스의 저주에 걸렸다면 '너희는 쪼아라. 나는 굴하지 않고 이 바위를 옮길 것이다'라는 결의로 새의 공격을 피하지 말아야 합니다. 저주는 사라질 것입니다. 자신을 내던져 '배 째라!'는 결기를 보이면 절대 죽지 않습니다. 새가 쪼는 것도, 본인이 만든 허상이니까요.

저주 상태에서 겪는 고통은 마치 악몽에서 벼랑으로 떨어질 때 느끼는 감정과 같습니다. 꿈속에서 얻은 아픔을 실체로 여기고 공포 때문에 아무것도 이행하지 못하는 겁니다. 스펙이 뛰어나지 않아서 뭔가를 시도하려니 불편한 기분이 드는 것도 저주에 걸린 자의 대표적 정서입니다. 아이디얼리스트는 이럴수록 현실을 직시하고 맨땅에 헤딩 자세로 부딪혀야 합니다.

지금 사는 세상을 영화 〈매트릭스〉 속 가상세계로 가정해봅시다. 짊어져야 할 삶의 무게는 가상세계 속에서만 무거울 뿐입니다. 현실인지, 아닌지를 확인할 필요조차 없습니다. 어차피 허구의 공간이니 어떤 어려움이든 '괜찮아, 이건 꿈이니까' 하고 마음먹으면 그만입니다. 이 과정을 한두 번 경험하고 나면 본인이 무엇을 해야 할지 감을 잡게 됩니다.

그리고 나면 숨어 있던 골방에서 빠져나와 당연히 못할 것이라고 확신했던 일들을 과감하게 단행할

차례입니다. 시도에 시도를 더하면 비로소 인생의
의미를 찾을 것입니다. 목숨이 아깝지 않다는 기백으로
행동할 때 드디어 저주가 풀리니까요.

'이러이러하게 사는 것이 옳다'고 가르치는 '자칭
멘토'들이 넘쳐납니다. 그들의 말에 귀를 기울일수록
아이디얼리스트 인생은 꼬여갑니다. 힐링 전도사의
조언과 위로는 임시방편입니다. 잠깐은 원기가
회복되는 것 같지만 마약과 다르지 않습니다. 자신의
존재를 분명히 자각하고 인생에 가치를 부여하는 법은
스스로 터득해야 합니다. 그래야 마약 중독자의 비릿한
쾌락 대신, 생생한 삶의 환희를 맛볼 수 있습니다.

• • •

WPI 프로파일에 따르면, 이분은 '자기만의 의미를
찾는 방법'을 익혀야 삶의 진가를 찾을 수 있는
운명입니다. 남과 같은 방식이 아니라 자기만의 방식을
꾸준한 시도와 습득을 통해 찾아야 한다는 의미입니다.
그렇지만 이분은 자기 삶의 살이 되고 뼈가 될 습득을
회피하고 있습니다.

셜록 황은 시시포스 저주에 빠진 사람에게 항상
'작금의 시련은 고통이 아니라 선택받은 자만 치르는
특별한 통과의례'라는 것을 조곤조곤 설명합니다.
그러나 시시포스의 마법에 걸린 사람이 이 말을 들으면,

얼굴에 "뭐라는 거니?"라는 짜증이 드러납니다.
힘들어 죽겠는데 옆에서 충고랍시고 하는 얘기가 귀에
들어올 리 만무합니다.

이럴 때 일수록 시시포스의 주인공은 본인이 셜록
황의 솔루션을 거부하고 부정적 행동 중이라는 것을
알아차려야 합니다. 누군가가 "네 상황에 문제가
많으니까 거기서 빠져 나와"라는 메시지를 준다고
생각하고 무작정 삐딱선을 타고 싶은 것이죠. 스스로
삐딱선에 올랐다는 걸 자각하는 것만으로도 일단은
성공입니다. 그걸 알아차리기만 해도 일단 탈옥할
준비가 된 것입니다.
　무의미한 일상의 반복을 유의미한 일상의 반복으로
바꾸면 '셀프'는 자연스럽게 올라갈 것입니다.

이순신 장군이 "살고자 하면 죽을 것이요, 죽고자
하면 살 것이다"라고 했을 때, 병사들이 그 말을
듣자마자 단번에 "오케이, 돌격 앞으로!" 했을까요?
천만의 말씀입니다. 멀찌감치 떨어져서 이순신 장군이
어쩌나 지켜보다가 장군이 몸소 실천하는 것을 보고
따라했을 것입니다.
　변화는 생각이 아니라 몸에서 시작됩니다.

2

늑대소년과 곰이 친구가 되는 법 · · · ·

정글 같은 회사 생활에서 살아남기

디즈니 영화 〈정글북〉에는 늑대소년 모글리와 능청스러운 곰 발루가 출연합니다. 위험에 처한 모글리를 구한 발루는 모글리에게 꿀을 따달라고 요청하는데요. 모글리는 이용당하기 싫다며 거절하지요. 그러자 발루는 최대한 불쌍한 표정을 지으며 모글리의 동정심을 자극합니다. 모글리는 고생 끝에 꿀을 채집하고 발루는 모글리의 든든한 보디가드가 됩니다.

이번엔 조직 생활에 유난히 적응하지 못해 회사를 수시로 옮겨 다닌 30대 중반 직장 여성이 셜록 황을 찾아왔습니다. 중소기업이라면 급여가 넉넉하지 못해도 그만큼 '일과 삶의 균형을 추구할 수 있겠지' 즉, '돈 준만큼 부려먹겠지' 하는 생각으로 1년 전에 지금의 작은 회사에 입사했는데요. 예상과 달리 사장님은 회사에 영혼을 바쳐 몸이 부서져라 치열하게 일할 것을 호령했답니다. 그러다 보니 사장님과 자꾸 부딪힙니다.

하루에도 몇 번씩 사직서를 집어던지고 싶지만 더 이상 그만 두는 것이 습관이 되면 안 되겠다 싶어서 꾹 참고 있습니다. 3개월 전 쯤에는 남들이 꺼리는, 자본 투입 대비 매출이 별로라 제대로 인정받지 못하는 팀에 자원합니다. 오랫동안 팀장이 공석이었는데 이분이 팀을 옮기며 팀장 대행 역할을 하고 있습니다.

사장님은 아무도 나서지 않던 일을 선뜻 맡겠다고
한 이분에게 고맙다며 연봉도 10퍼센트 이상
올려주었는데 그 후, 매출 다각화 전략의 일환으로
생전 듣도 보도 못한 프로젝트가 이분에게 떨어집니다.
아빠 미소 지으며 고맙다던 사장님 얼굴은 온데간데없이
사라지고 최근엔 호랑이 얼굴로 당장 미션을
클리어하라고 다그치는 추세입니다. 이분은 이렇게
2개월 정도 매달리다 방전되었습니다. 결국 사장님께
더는 못하겠으니 팀장을 뽑아달라고 요구했습니다.
중소기업이지만 눈높이만은 대기업 뺨치는 사장님을
만족시킬 팀장은 구하기 힘들 것임은 잘 알지만 더 이상
시달리는 일에 지쳤습니다.

• • •

얘기를 들어 보니 이분, 사장님과 의사소통과
일하는 방식에 차이가 있었습니다. 성질 급한 사장님은
하나부터 열까지 보고받길 바랍니다. 한마디로 팀장형
리더이지요. 반면 이분은 중간 상황을 시시콜콜
전달하기보다는 마무리될 때 즈음 보고서를 제출합니다.
이에 사장님은 '그걸 네가 다 감당할 수 없고 완벽하게
해내라는 것도 아니니 제때 알려서 조치를 취할 수
있게 하라'고 합니다. 나중에 폭탄 터지게 하지 말고
미리 조정하도록 중간보고를 하라는 것이지요. 일리는
있지만, 이분에게는 언제 중간보고를 해야 하는지가

모호합니다. 일에 몰두하다 보면 어디까지 끊어서
알려야 할지 도통 모르겠답니다.

사장님은 관련 산업 동향을 읽는 관점도 남다르고
유능합니다. 사장님의 노하우를 배우고 싶어서
이 회사를 오래 다니고 싶습니다. 그렇지만 사장님의
성향은 영 불편합니다. 사장님은 촉도 좋은 편입니다.
이분이 울컥할 때마다 안색이 바뀌니까요. 그럴 때마다
회사를 때려치우고 싶지만 비겁하게 도망치는 것은
옳지 못한 것 같습니다.

이분은 요령이 없는 자신이 답답합니다. 사장은
이분이 팀원을 한 사람, 한 사람 세심하게 관리하기
바라지만 쉽지 않습니다.

다른 팀장들을 보면 사장님께 절대 신뢰를 받는
것 같은데 실적은 그다지 좋지 않아요. 때마다 일의
진척사항을 보고하고 사장이 원하는 대답을 시원하게
하니까 신임을 받아요. 그럴 때마다 '역시 조직 생활은
나랑 맞지 않아' 하는 자책감에 사로잡히는데요.
이분은 올바른 직장인의 자세가 무엇이냐며
셜록 황에게 물었습니다.

"사장이 예뻐하는 부하 직원은 일 잘하는
사람일까요, 말 잘 듣는 사람일까요?"
셜록 황의 질문을 받자, 이 여성의 눈동자가
흔들렸습니다.

이분의 WPI 프로파일을 보면 전형적인 아이디얼리스트입니다. 아이디얼리스트는 자기 세계에 빠져 있고 다른 사람에겐 관심이 없어요. 특히 아이디얼리스트는 관리받는 것도 관리하는 것도 거북해합니다. 귀찮기도 하고 타인이 눈에 들어오지 않거든요. 다 큰 어른에게 잔소리한다고 해서 안되던 일이 갑자기 될 리 만무하니까요. 팀원의 하루 일정을 일일이 확인하고 일정에 맞게 계획을 수립해 프로젝트 진행 과정을 매번 사장에게 검사받는 것은 의미가 없다고 여깁니다.

아이디얼리스트는 본인이 간섭받는 걸 싫어하니까 남 일에 간섭하는 것도 싫어하거든요. 부하 직원이 하는 일에도 일일이 터치하는 걸 꺼름칙해합니다.

문제는 밑에 있는 팀원들에게 재량권을 주면 주체적으로 일해서 일이 잘못 되지 않게 해야 하는데 그렇게 알아서 하는 직원은 드물다는 거죠. 나사를 구멍에 넣고 가만히 있으면 스스로 조여지나요? 조직도 마찬가지거든요. 혼자서 움직이지 않아요. 팀원은 팀원으로서 일합니다.

세상 모든 사장은 직원이 주인의식을 갖길 바라죠. 그런데 그게 말이 됩니까? 직원은 사장이 아닙니다. 그러려면 본인 회사를 차리지, 뭐 하러 남의 회사에 다닌답니까.

이분은 실질적 팀장이니까 그에 따른 역할을 고민하는 게 맞습니다. 살면서 맞닥뜨리는 숙제는 그때그때 풀어야 합니다. '이 꼴 저 꼴 보느니, 그만둬야겠다' 하다가 '치사해도 먹고 살려면 꾹 참자'라며 오락가락하는 것은 별 도움 되지 않아요.

이분은 사장에게 치이고 팀원들과도 어색해요. 대한민국 중간관리자의 숙명이지요. 위로가 될지 모르겠으나 다들 그런 시련을 겪어요. 정도의 차이가 있을 뿐이죠.

내담자는 과거에도 비슷한 어려움이 있어서 회사를 그만뒀습니다. 이직 후에도 똑같은 문제가 발생했죠. 이분은 동일한 장애가 삶에서 반복되고 있다는 것을 이미 깨달았을 것입니다.

• • •

우선, 사장과의 의사소통 방식부터 점검해볼까요. 작은 회사에서는 사장과 직원 사이에 핫라인이 개통되는 게 일반적입니다. 또 사장이 분부를 내리면 응당 일이 되게 만들어야 합니다.

이 회사 사장은 상당히 진취적인 사업가입니다. 늘 새로운 무언가를 추진하는데 이 점이 내담자에게 부담으로 작용하는 거죠.

사장은 이분의 재능을 압니다. 못 믿으면

프로젝트를 맡기지 않아요. 때로는 직원을 시험하기 위해 일을 주지만 대개는 역량 있는 부하에게 막중한 임무를 줍니다. 사장이 듣도 보도 못한 일을 준 것은 기어이 해낼 것이라고 기대하기 때문입니다. 가능성을 본 것이죠. 이분이 사장에게 "듣도 보도 못한 프로젝트를 맡긴 까닭이 무엇입니까?"라고 반문했을까요? 묻지 않았을 것입니다.

아이디얼리스트는 고압적이고 권위적인 윗사람의 명령을 몸서리칩니다. 이분은 사장의 강압적 지시를 쏟아지는 폭우 같은 재난처럼 받아들였을 것입니다. 이것이 바로 아이디얼리스트의 특성입니다.

아이디얼리스트가 상사와 잘 지내려면 어떻게 해야 할까요? 상사를 우습게 봐야 합니다. 무시하라는 뜻이 아니에요. '긍휼히' 여겨야 합니다. 성경에 '긍휼'이라는 단어가 자주 나오는데 불교의 '자비', 유학의 '측은지심'도 유사한 개념입니다. 가령 상대가 뜬금없이 화를 내면 '가정불화가 있나? 저렇게 짜증을 내다니 참 딱하다'라고 여기는 것입니다. 이렇게 긍휼히 여기는 심정으로 툭 던지는 겁니다.

"사장님, 근심이 많으시죠. 건강해칠까 걱정입니다. 제가 스트레스를 다 가져갈 수 있다면 얼마나 좋을까요."

상상해보세요. 어쩐지 느긋해지지 않나요? 그것이
바로 긍휼의 힘입니다. 여유가 생기니 누가 뭐라 하든
한 귀로 들어왔다가 한 귀로 흘러가지요. 사장은 나를
일부러 괴롭히는 게 아니에요. 해결 못한 욕망과 심중의
혼란이 화를 부른 것입니다. 긍휼히 여기면 과부하에
걸린 상대방을 있는 그대로 이해할 수 있습니다.

사장은 당신이 미워서 압박을 주는 것이 아닙니다.
그랬다면 해고하지, 뭐 하러 월급 주면서 데리고
있겠습니까. 실제로 사장은 실컷 열을 내고 나서 이분
눈치를 살필 것입니다. 사장이 이분에게 개인적 불만은
없다는 증거죠.

사장이 새로운 일을 주면 내일이라도 분명한 성과를
보여줘야 할 것 같아 덜컥 겁부터 납니다. 사실은
사장이 다급해서 아랫사람에게 SOS를 친 것입니다.
드디어 긍휼이 등장할 타이밍입니다. '참 안됐네,
오죽하면 사장이 나에게 시켰을까' 하는 마음으로
대하세요.

• • •

사연을 들으니 사장은 어느 정도 경지에 오른
리더입니다. 배울 점도 많다고 했습니다. 이것은 직장
생활을 유지하는 데 대단히 매력적인 요건입니다.
사장의 일하는 스타일이 다르다는 것은 고려할 필요도
없습니다. 사장은 사장이고, 직원은 직원입니다. 지위에

따라 스타일이 차이 나는 것은 당연합니다.

사장 입장에서 일 잘하는 직원의 조건은 무엇일까요? 주어진 과제를 야무지게 수행하는 것도 있지만, '호응을 잘한다', '회사 내 사정과 업무 처리 상황을 자주 보고한다', '사장 심기가 불편하면 알아서 긴다' 등이 전부 포함됩니다.

신망받는 우수 사원은 모두 일을 잘할까요? 사장과 돈독한 관계를 지속하는 데 온 힘을 쏟는 우수 사원도 있게 마련이지요. 사장이 생각하는 자질 있는 직원 범주는 '척하면 착하고 사장의 마음속을 헤아리는 것'과 '직원들과의 화합 정도'까지 매우 넓습니다.

직장 생활을 잘 하려면 맡은 소임을 초과해서 달성하는 것뿐 아니라 사내 정치도 중요한데요. 셜록 황이 영업 기밀을 알려드립니다. 이 비율은 7 대 3인데, 여기에서 7은 사내 정치예요. 이제야 의문이 풀렸다고요? 하루 종일 '이미 아무것도 안 하고 있지만 더 격렬하게 아무 것도 안 하고 싶다'고 몸부림치는 부장님이 사장님의 사랑을 독차지 하는 이유를.

아, 그렇다고 오해하지 마세요. 이게 옳다는 것이 아니에요. 대한민국의 조직 문화 진단은 논의의 초점이 아닙니다. 우리는 내담자의 상담에 집중해야 하거든요. 불편한 진실을 직면해야 맞춤 솔루션이 나올 수 있습니다.

· · ·

　내담자는 사장의 사업 노하우를 본인 것으로
만들겠다는 포부가 있어요. 그렇다면 사장에게 관심을
기울여야 해요. 사장의 인간적 면모는 배제하고 오로지
'일'만 관찰하겠다는 태도는 효율적이지 않아요.
사장에게 호감이 없다면 능력의 에센스를 내 것으로
만들기 어려워요. 그러나 사장에게 마음을 열어야
한다는 것을 머리로는 알고 있지만 실천이 참 어렵죠.

　여기 멋진 고려청자가 있습니다. 도자기 만드는 법을
알고 싶다면 어떻게 할까요? 주구장창 바라보기만
한다고 저절로 방법이 떠오를까요? 일단 좋아해야
합니다. 애정이 생기면 이것저것 자발적으로 조사하게
되지요. 유홍준 교수가 쓴《나의 문화유산답사기》에
나오는 문장입니다.

　'사랑하면 알게 되고 알면 보이나니, 그때 보이는
것은 전과 같지 않으리라.'

　사장의 능력을 충분히 배우고 싶다면 인간적인
호기심이 먼저입니다. 억지로라도 장점을 찾아보세요.
어느 순간 호감이 생길 것입니다. 그러면 자연스럽게
배워야 할 중요한 점이 드러납니다. 다음 단계는
무엇일까요? 본인이 익숙한 형식으로 터득하면 됩니다.

　어느 날 사장이 듣도 보도 못한 일을 던져줬습니다.

이분은 황당해하며 속으로 짜증을 냈을 것입니다.

'아니, 이걸 나보고 어떻게 하란 말이야? 가르쳐줄 팀장도 없고 나는 실력도 부족한데!'

가르쳐줄 사람이 왜 없어요. 사장이 있잖아요. 사장은 출제자예요. 따라서 정답을 알지요. 하지만 이분은 묻지 않아요. 사장과 말을 섞기 싫으니까요. 사장에게 답이 있다는 것을 알면서도. 이분은 아이디얼리스트답게 모호하고 복잡한 난제를 나름대로 풀면서 희열을 느꼈을 것입니다. 사장은 이분의 이런 개성을 몰랐을까요? 만약 모른다고 생각했다면 사장을 너무 얕잡아 보는 겁니다.

이분은 사장의 뛰어난 점을 알면서도 정확히 어느 부분이 출중한지는 몰라요. 사장은 카리스마 있고 저돌적인 사람으로 묘사되는데요. 의리를 중시하는 휴머니스트인 듯합니다. 이런 보스일수록 아이디얼리스트를 귀신처럼 알아차려요. 사장은 이분의 강점을 압니다. 그래서 듣도 보도 못한 일을 맡긴 거예요.

백번 양보해 사장이 기회를 줬다 쳐도, 듣도 보도 못한 일은 혼자서 감당하기 어렵습니다. 그렇다면 그 일을 누구와 해결하면 좋을까요? 혜성처럼 팀장이 출현할 수도 있고 팀원들과 협동할 수도 있습니다. 애당초 사장에게 '그 프로젝트를 가져온 것은 실수'라는 것을 인식하게 할 수도 있습니다.

물론 휴머니스트는 일을 주면서 "반드시 내일까지 완수하라"고 으름장을 놓습니다. 내일 다 끝내지 못한다고 지구가 멸망하지 않는데 말입니다. 이럴 경우에는 센스 있게 어르고 달래는 게 좋습니다.

"사장님, 이 프로젝트를 빨리 끝내야 한다는 말씀에 동의합니다. 저도 그러고 싶어요. 그런데 우리는 어제 하려던 일도 아직 다 마치지 못했습니다. 그래도 다행히 회사에 큰 타격은 없는 것 같습니다. 이 일을 내일까지 마무리한다는 생각으로 최선을 다하겠지만, 그러지 못하더라도 이해를 좀 해주십시오."

이런 의견을 낼 수 있는 직원이라면 직위가 높을 것입니다. 해법 발견의 수준은 그 직위에 비례합니다.

• • •

괴로우면 자기도 모르게 '그만 둬야지' 하는 분위기를 풍깁니다. 이분도 그랬을 것이고 사장은 벌써 감지했겠죠? 사장의 노하우를 내 것으로 만들고 더 나아가 자기계발까지 하고 싶다면 스스로 길을 개척해야 합니다.

이분은 들도 보도 못한 프로젝트를 하다가 진이 빠졌고 애초에 시작하지 말아야 할 일을 가져와 일을 이 지경까지 만든 사장을 탓하고 있습니다. 사장은 동의할까요? 조직의 수장은 자기 실수까지도

아랫사람이 책임지길 바랍니다. 잘해내면 인재로
등극하고 퇴사하는 그날까지 고통을 받겠죠. 그럴 때
이렇게 대응하면 어떨까요?

　야생동물의 행동 패턴을 모르면 사람들은 무작정
두려워합니다. 그러나 생태를 파악하면 야생동물이
어떤 먹이를 먹고, 잠은 어디서 자고, 어디에 출몰하는지
압니다. 이분은 사장을 야생동물이라고 가정하고
습성을 조사해야 합니다. 지금 그걸 몰라서 막연하게
무서워하는 겁니다.

　영화 〈늑대와 함께 춤을〉에는 주인공 존 덴버가
늑대를 길들이는 과정이 나옵니다. 처음에는 늑대가
다가오자 공포심에 돌을 던지거나 총을 쏘지요.
무료해진 주인공이 재미 삼아 멀리 있는 늑대에게
고기를 한 점 던져줍니다. 맛있게 고기를 먹은 늑대는
그 다음에 또 존에게 다가오지요. 늑대와 존의 거리는
점점 가까워지고 늑대는 존에게 으르렁거리지 않아요.
존을 위협하면 고기를 못 얻어먹는다는 것 정도는
늑대도 아니까요. 이윽고 존과 늑대는 친구가 됩니다.
　늑대 같은 인간은 긍휼히 여기면서 길들여야
합니다. 여태껏 늑대가 나타나면 '저 늑대는 나를
잡아먹을 거야' 하고 경계경보가 울렸을 것입니다.
방어하느라 오버해서 '네가 나에게 달려들면 난 달아
날거야' 하는 신호를 보냈죠. 늑대도 느꼈을 것입니다.

2 ─ 늑대소년과 꼴이 친구가 되는 법

늘대와 역할을 바꿔 봅니다. 이번에는 늘대가
고기를 던집니다.

"너를 위해 준비했어."

먹어보려고 노력해도 도저히 비위가 상해 먹을 수
없을 것입니다.

"이 생고기를 나더러 먹으라고? 이건 먹을 수 있는
음식이 아니야! 잘못 가져왔어. 나에게는 익은 고기를
줘야 해!"

신경질적 반응에 늘대는 당황해서 이빨을 드러
냅니다. 고기를 말려서 육포로 만들거나 직접 장작을
구해와 익혀 늘대와 나눠 먹을 수 있는데 고기를 갖다
준 늘대를 원망할 뿐입니다.

새 팀장이 들어와서 문제를 해결해주길 기대하는
것은 다른 사람이 내 인생을 대신 살아주길 바라는
것과 다르지 않습니다. 사장이 이분에게 정말로 원하는
건 눈부신 성과가 아니에요. 존경을 바랍니다. 사장을
조련하는 최고의 먹이는 칭찬이에요. 사장은 꼬박꼬박
식량을 타가는 여우가 백날 숭배해도 성에 안 차요.
자신이 아끼는 불곰 타입의 부하 직원에게 존중받고
싶지요.

이제 사장 앞에서 어떤 위치를 설정할지는 스스로
선택해야 합니다. 그게 해법입니다. 중요한 점은 사장을
진심으로 인정하는 것입니다. 이건 아부가 아니에요.

사장을 스승으로 모시고 제자로서 기꺼이 수련을
받겠다는 선언일 뿐입니다.

　•

있지도 않은 걸 찾으려고

인생을 헛되이 보내지는 마

가진 것도 가지려는 마음 없이 살 수 있다면

그것이 진실한 인생

그러면 욕심 없는 마음이 생길 거야

나도 모르겠다

운 좋으면 살아남겠지

— 디즈니 애니메이션 〈정글북〉 OST

　〈The Bare Necessities〉 중에서

　•

3

꽃은 15도가 되어야 핀다 · · · · · ·

나는 왜 인간관계가 어렵고 힘들까요

크리티컬 매스(critical mass, 임계질량)란 말이 있습니다. 물리학에서 나온 개념인데요. 어떤 물질이 일정 조건에서 스스로 연쇄반응을 일으키는 데 필요한 최소한의 질량을 말하죠. 무슨 소리인지 알아먹을 수가 없어서 책을 확 닫으려고요? 성질도 급하셔라. 물은 100도가 되어야 팔팔 끓는다는 거랑 비슷해요. 99도까지는 아무 변화가 없다가 100도가 되면 증기기관차도 움직이는 에너지가 나오잖아요. 임계질량은 다른 학문 영역에서도 광범위하게 차용되는 개념인데요. '유효한 변화를 얻기 위해 충분한 수나 양'으로 쓰여요.

데이비드 베일스(David Bayles)와 테드 올랜드(Ted Orland)가 쓴 책《예술가여, 무엇이 두려운가》에 어느 도자기 수업 이야기가 나와요. 도자기 담당 교수가 제자들을 두 부류로 나눴습니다. A그룹은 죽이 되든 밥이 되든 질은 신경 쓰지 말고 많이 만들 것. B그룹은 한 개를 제작하더라도 잘 만들 것. 결과가 어땠을까요? 가장 우수한 작품은 모두 A그룹에서 나왔다고 합니다. A그룹 학생들은 유효한 변화를 얻기 위한 충분한 양만큼 작업했기 때문이지요.

방송인 백지연 씨는 4년 넘게 〈백지연의 피플 인사이드〉란 프로그램에서 정상의 자리에 오른 이들과 인터뷰를 나눕니다. 그들의 진솔한 인생 역정을

들으며 자기 분야에서 특별함을 보인 이들의 공통점을
《크리티컬 매스》란 책에 담았는데요. 그중 광고 천재
이제석 씨와 그의 동업자 박서원 대표의 아이디어
창안법을 이렇게 소개합니다.

"아이디어를 만들어내는 방법은 없어요. 다만
훈련을 통해 얻은 직감을 활용하는 거죠."

아이디어조차도 훈련을 통해 인위적으로
생산된다는 것인데요. 이 역시 크리티컬 매스의
사례입니다. 시작부터 왜 이리 거창하냐고요? 이번
내담자가 '크리티컬 매스'와 연관되어 있거든요.

• • •

이분은 어딜 가서 무엇을 배우든 지각이나 결석
없이 성실하게 임하는 30대 중반 여성이에요.
주변에서 완벽주의자라는 소리를 들을 때도 있는데
스스로는 단지 책임감이 강할 뿐이라고 평가합니다.
반면 평소 집에서 생활은 혼돈 그 자체입니다. 방도
안 치우고 식사도 불규칙하며 하루 종일 '미드'만
보기도 하지요.

그동안 창의성을 요하는 분야에 종사했습니다. 때로
재능 있다는 칭찬도 받았지만 이렇다 할 성과를 낸 적은
없습니다.

스스로를 아이디얼리스트라고 인식한 이유는
서툰 인간관계 때문입니다. 회사를 다니면서

맡은 프로젝트는 잘 처리했지만 반복되는 업무는 지루했습니다. 무엇보다 직장 내 인간관계가 늘 삐걱거렸습니다. 그래서 죽을 것 같은 우울감에 빠졌답니다.

요즘은 프리랜서로 활동 중입니다. 아직 초반이고 걸음마 단계지만 솜씨 있다는 평을 들어 살짝 들떠 있습니다. 앞으로 이 일을 오래오래 하고 싶답니다.

사람들과 부딪힐 일이 적어 좋지만 관계를 완전히 무시할 수는 없어서 일이 있을 때는 업무 미팅을 하는데 사람을 만나는 것은 여전히 불편합니다.

이분은 본인과 감성을 공유하는 유형과는 잘 지내지만 아무 말이나 퍼붓고 감정 조절을 못하는 권위적인 사람을 견디기 힘들어 합니다. 그런 사람 곁에만 있어도 기가 죽고 스트레스를 받습니다. 집에 돌아와서도 후유증이 남지요. 최대한 멀리하면 된다는 것을 알면서도 막상 그런 타입이 다른 사람과 잘 지내는 것을 보면 '나에게만 저러는 건가?', '다들 괜찮은데 내가 사회부적응자인가?' 싶어 힘이 쭉 빠집니다.

이분이 스스로 인간관계에 문제가 있다고 생각하는 이유는 여러 가지인데 특히 어떤 자리든 과하게 솔직해서 분위기를 싸늘하게 만든다고 합니다. 그냥

눈 한번 질끈 감는 것이 안 되는 거죠. 예를 들면 회의
시간에 누군가의 제안에 정색하고 반대해 회의실을
꽁꽁 얼리는 재주가 출중합니다. 힘든 일이 생긴 친구가
하소연할 때도 일단은 '그래, 너 참 속상하겠다'며
달래주면 되는데 굳이 잘잘못을 따져서 친구의 감정을
상하게 만든 적도 많다고 하네요.

덧붙여 심리적으로 불안정해지면 스스로 해결하지
못하고 누군가를 붙잡고 심하게 푸념을 늘어놓거나
밑도 끝도 없는 일기를 쓰는 등 진절머리 나는 행위를
일삼는 답니다.

또한 타인의 시선을 지나치게 신경을 쓴다고 합니다.
호불호를 정확하게 표현하면서도 그런 자신을 남들이
어떻게 볼까 과도하게 고민합니다.

이런 상태가 정상 범주에서 벗어난 것인가 싶어서
상담실 문을 두드린 이분은 셜록 황에게 어떻게 해야
인간관계를 잘 맺을지 물었습니다.

. . .

"당신의 진짜 문제는 인간관계가 아닙니다."

오늘도 셜록 황은 예상하지 못한 진단을 내놓습니다.
셜록 황은 내담자가 평범하게 살려 하지만 창의적인
일을 할 때 솜씨 있다는 평을 받았다는 면에서 나름
비범한 특성을 지녔다는 점을 지적합니다.

그런데 이분, 막상 실적은 없다고 했어요. 이는

꾸준히 하지 않았음을 뜻합니다. 결과를 보기 전에 지겨워서 멈춘 것이지요. 결승점까지 달려갈 힘이 약해서 익숙해질만 하면 그만두고 새로운 것으로 넘어가는 패턴을 보인 거예요.

이분이 직장 생활을 거북하게 여긴 이유도 같은 맥락입니다. 주어진 일을 하는 건 문제없었지만 되풀이되는 업무에는 권태를 느낀다고 했습니다. 같은 업무, 같은 사람을 만나는 일이 지겨웠던 거죠. 그런데 생각해보면 시시각각 변하는 게 인간입니다. 잘 안다고 확신했던 십년지기도 '애가 원래 이랬나?' 의아할 정도로 미지의 모습을 발견하곤 합니다. 하물며 공적으로 만난 회사 동료들을 지겹다고 할 만큼 다 알 수는 없지요.

이분의 WPI 프로파일을 보면 전형적인 아이디얼리스트입니다. 아이디얼리스트는 남다른 것에 관심이 많아 엉뚱하다는 소리를 자주 듣지요. 호기심이 넘쳐서 뭔가를 창조하는 일을 좋아하는데 그 일이 책임을 져야 하는 사무가 되어 버리면 싫증이 납니다.

누구든 오래 만나면 상대의 단점이 눈에 들어오기 마련인데요. 대개 그러려니 하고 넘어가는 걸 아이디얼리스트는 보이는 그대로 까발립니다. 상대를 난처하게 만들 의도로 일부러 그러는 건 아니에요. 오감이 느낀 그대로 빨간 것은 "빨갛다", 냄새 나면

"냄새 난다", 쓴 것은 "쓰다"고 하는 거죠. 그러나
그 순간 주위 온도는 영하로 내려갑니다. 그런
지적질은 암묵적으로 하지 않기로 동의된 사항인데
아이디얼리스트만 눈치 없이 외치거든요.

"앗! 저 임금님 벌거벗었다!"

이렇게 말이에요. 그러니 주변 사람들이 슬금슬금
피할 수밖에요. 이분 입에서 어떤 폭탄이 떨어질지 예측
불가거든요.

솔직담백한 모습이 이분의 매력이지만 안타깝게도
교양 있는 문화인은 속내를 있는 그대로 드러내지
말라고 교육받거든요. 남세스럽게 홀랑 벗고 행차
중인 임금님에게 낯빛 하나 변하지 않고 '패션 센스가
남다르시네요'라며 극찬할 줄 알아야 하거든요. 죽어도
그게 안 되는 아이디얼리스트는 천하의 역적이
되는 거죠. 앞에서 온갖 우아한 칭송을 늘어놓다가
뒤돌아서서 뒷담화 작렬하는 것은 괜찮아도, 앞이든
뒤든 대놓고 할 말 다 하는 아이디얼리스트는 어디서든
환영받지 못합니다.

아이디얼리스트는 같은 종족인 아이디얼리스트를
만나도 어색하긴 마찬가지랍니다. 처음에는 동족을
만났다고 반가워해도 시간이 지날수록 부담스러워
하죠. 각자 차이점을 스캔한 뒤 가감 없이 털어놓기
때문입니다. 본인이 '지적질'할 때는 몰랐는데

당해보니까 기분이 상하는 거죠. 분석당하는 거
좋아하는 사람은 세상에 없습니다. 아이디얼리스트는
한마디로 분석당하는 거 아주 싫어하는 분석가입니다.
내가 하면 로맨스, 남이 하면 불륜 심리와 유사하지요.

셜록 황이 내담자를 인수분해하는 것은 괴롭히는
게 아니에요. 마음을 읽어달라는 부탁을 들어주는
것뿐입니다.

• • •

내담자는 본인은 인간관계가 문제라고 셀프 진단
했습니다. 약은 약사에게, 진료는 의사에게, 성격 진단은
셜록 황에게 맡겨야 합니다. 물론 아이디얼리스트는
보통 대인관계에 어려움을 호소합니다. 왜 그럴까요?
아이디얼리스트는 타인에게 무관심하기 때문입니다.
호감 있는 사람 외에 의례적으로 대하는 직장 동료,
어쩔 수 없이 모셔야 하는 권위적인 윗사람, 말이 통하지
않는 한심한 부류는 소가 닭 보듯 무념무상입니다.

WPI 프로파일은 '나'라는 사람의 특징을 파악하게
합니다. 그 특징에 따라 장애물을 만났을 때, 즉 인생에
문제가 생겼을 때 어떻게 대처해야 하는지를 알려주는
성격 검사입니다. '나'란 존재가 어떤 사람인지 알아야
정확한 방법으로 문제를 해결할 수 있습니다.

WPI 프로파일 검사는 중병에 걸린 사람이 병명을

알기 위해 검사를 받는 것과 비슷합니다. 환자가 가장 답답한 경우는 몸은 아픈데 원인을 찾지 못할 때입니다. '무슨 병입니다' 확정해주면 증상이 당장 나아지지는 않아도 일단 마음은 편해집니다. 병을 알았으니 치료할 수 있다는 희망이 생기기 때문이지요. 병명을 못 찾으면 온갖 최악의 상상을 하며 절망에 빠집니다. 살면서 맞닥뜨리는 고민도 마찬가지입니다. 무엇이 진짜 문제인지를 모르면 계속 답답할 수밖에 없습니다.

WPI 프로파일은 그런 면에서 '나'라는 사람의 진짜 문제를 찾아줍니다.

그렇다면 이분의 진짜 문제는 뭘까요? 이분은 뭐든 잘하고 싶고 남들이 오르지 못한 경지까지 가고 싶은 욕심이 있는 분이에요. 그러나 이상과 현실은 다르죠. 이상을 실현하려고 자기 딴에는 애쓰고 있다지만 아직 정상에 한참 못 미칩니다.

이분 WPI 프로파일을 보면 매뉴얼이 높은데요. '매뉴얼'이란 사회적으로 약속된 보편적인 규칙, 반드시 해야 하는 당위를 의미합니다.

보편의 의미는 무엇일까요? 우선 여러 사람이 '이것이 보편이다'라고 받아들여야 한다는 조건이 있죠. 물론 보편도 시간, 장소, 문화에 따라 달라집니다. 아이디얼리스트가 추구하는 보편이란 게 사람들이 말하는 보편과 같은 의미일까요? 그렇지 않을 가능성이

높아요. 아이디얼리스트는 자기만의 세계를 설계하고
그 안에서 통용되는 법칙을 정하는데요. 그러다 보니
공동체에서 규정한 윤리 기준이나 틀을 자신의 삶에
적용하지 못해요.

• • •

"저는 나름대로 성실한 사람입니다. 다른 사람들과
어울리지 못하는 까닭은 무엇일까요? 남들은 무난하게
잘 사는 것 같은데, 왜 나만 좌충우돌할까요? 남들에게
폐를 끼치는 것도 아니고 악한 의도를 가진 적도 없고
심하게 게으른 것도 아닌데 말입니다. 미드에 빠져서
폐인 모드인 적은 있지만 그게 그렇게 나쁜 짓은
아니잖아요?"

호소하듯 자기 이야기를 쏟아내는 내담자를 안쓰럽게
바라보던 셜록 황은 다음 설명을 이어갔습니다.

내담자는 본인의 장점을 아는 듯 하면서 제대로
이해하지 못하고 있어요. 이분은 현재 프리랜서로 활약
중입니다. 새로운 기술을 습득하며 제법 실력 있다는
칭찬도 듣고 있죠. 또 이유는 모르겠지만 기대감에
부풀어 있습니다. 왜 그럴까요? 왜 기대감에 부풀어
있을까요? 새로우니까요.

그 기대감이 계속 갈까요? 3개월, 6개월 지나면
또 다시 지겨워집니다. 사람들의 피드백도 처음엔
'너, 소질 있다!'였는데, 3개월, 6개월 지나면 '소질이

있긴 한데……'로 바뀝니다. 감동적인 수준은 아니어서 그럽니다. 마음을 움직이려면 적어도 3년은 몰입해야 합니다. '미친다'고 하지요. 그러나 대부분은 1년 안에 결판을 내고 싶어 해요. 이분도 그런 상황이지요.

• • •

이분, 일을 길게 하고 싶다고 했어요. 그러면서 인간관계를 잘 하는 방법을 물었어요. 딱 봐도 핀트가 어긋났죠. 질문 방향이 잘못된 거예요. 어떻게 하면 좋은 인간관계를 맺을지가 아니라 어떻게 하면 이 일을 오래할 수 있는지를 물었어야죠. 정말로 필요한 질문을 던지지 못한 것은 지금 본인 상황을 분명하게 모른다는 증거입니다.

일 얘기 하다가 갑자기 인간관계로 건너뛰었죠. 왜 이런 걸까요? 여기엔 그럴 만한 사정이 숨어 있습니다. 이분은 이 일을 오래하고 싶은데 아무리 예전보다 사람을 덜 만난다고 해도 인간관계가 아예 없지는 않잖아요. 가까운 장래에 벌어질 창작의 고단함을 생뚱맞게 인간관계에 갖다 붙일 준비를 하는 것이죠.

이분은 문제가 발생할 때마다 자신이 가장 서툰 인간관계 평계를 대왔어요. 지난 10년간 반복된 패턴이지요. 즉 10년을 낭비한 것입니다. 내공을 갈고 닦아야 할 10년간 영양가 없는 인간관계에 허우적거리며 무기력하게 보낸 것이죠.

이분의 가장 큰 문제는 불연속적인 성실함입니다.
초반에 바짝 성실하고 지겨워지면 내팽개칩니다.
이래서 좋은 결과를 얻을 수 없었던 겁니다. 지속적인
일을 못 견디면 단기간에 끝나는 이벤트 관련 업무가
어울리지만 이분은 순발력이 떨어져요.

이럴 땐 무조건 인내와 끈기로 승부를 봐야 합니다.
한데 이분은 그게 쉽지 않아요. 학생 시절에 의자에
엉덩이 붙이고 세 시간 이상 앉아 있는 버릇만 들였어도
성적이 좋았을 텐데 교과서를 잠시 들여다 보다가 다른
곳에 신경 쓰기 일쑤였지요. 그래도 큰 사고를 친 적
없고 반항도 아니었습니다. 연애에 정신이 팔린 것도
아니고 뒷담화를 즐기지도 않지만 우등생도 아니었을
것입니다. 은근과 끈기로 성과를 향해 나아가지는
못했으니까요.

이분은 누군가의 비위 맞추는 쪽으로는 꽝입니다.
그러므로 아이디얼리스트의 강점을 살리는 데 집중해야
합니다. 아이디얼리스트는 스스로 원하면서도 잘할
수 있는 일을 해야 하니까요. 원하지 않는 일은 바로
거절하는 것이 기본 원칙이에요. 이제, 마지막이라는
생각으로 이런 다짐을 해야 합니다.

'앞으로 적어도 5년은 누가 뭐라 하든 내 갈 길만 가겠다. 탁월해질 때까지 치열하게 살겠다.'

목표를 생활의 달인에 두어야 합니다. 생활의 달인, 전문가가 되면 주변 사람들이 내 의견을 받아들일까요? 거부할까요? 무려 전문가인데 당연히 듣겠지요.

이분은 자기 분야의 장인이 되어야 합니다. 해야 할 일이 선명하면 타인의 눈초리에 일희일비하지 않습니다. 한국 사회에서는 일정 지위에 오르면 주변의 입방아로부터 자기를 방어하기 유리합니다.

남들이 가지 않는 그 길이 가시밭이더라도 내 길이 확실하다면 꿋꿋하게 가야 합니다. 묵묵히 본인의 길을 가고 있다면 누가 무슨 간섭을 해도 상관이 없습니다.

4

죽거나 혹은 나쁘거나 · · · · · · ·

대학 진학을 앞두고 혼란스러요

한때 영화계에서 '걔는 안 돼'라며 무시당하던 박찬욱을 일약 스타 감독의 자리에 오르게 한 작품이 있습니다. 〈공동경비구역 JSA〉. 이 영화를 찍을 당시 연출부에 고졸 출신 막내가 있었는데 그가 바로 20대 초반의 류승완입니다. 당시 일반 중소기업 신입사원 한 달 평균 월급이 80만 원 가량이었는데 연출부 막내 류승완은 1년 수입이 100만 원이었답니다. 할머니와 남동생을 부양해야 하는 소년 가장은 수시로 영화를 포기하고 싶었습니다. 워낙 날고 기는 천재들이 넘치는 영화판에서 특별한 재능도 없는 자신이 한없이 초라하게 느껴진 적도 많았죠. 박찬욱 감독은 청년 류승완에게 "사람에게 실제 재능이 있는지 없는지는 중요치 않다. 재능이 있다는 믿음이 중요하다"며 청춘을 헛되이 소비하지 말라고 충고합니다. 스물다섯 살 류승완은 독하게 마음을 먹고 몇 년에 걸쳐 다른 감독들이 쓰다 남은 자투리 필름을 모아 네 편의 독립영화를 제작합니다. 그렇게 탄생한 류승완 감독의 데뷔작 〈죽거나 혹은 나쁘거나〉는 흥행과 작품성 두 마리 토끼를 모두 잡으며 저예산 영화의 모범이 됩니다.

이번 상담의 주인공은 진로를 두고 갈팡질팡하는 고등학교 2학년 여학생입니다. 얼마 전 수능을 앞둔 3학년 선배와 대화를 나누다가 선배에게 어느 과를 지원하고 싶은지 물었답니다. 그랬더니 선배가

"문과는 전공보다 학교 네임밸류가 더 중요하다"고
대답했답니다. 유망한 과보다 학교 간판을 더 알아주는
시대라면서 선배는 최대한 성적에 맞춰 좋은 대학을
가는 것이 목표라고 했답니다. 이 말을 듣고 내담자는
크게 낙담했습니다. 평소에 배울 점이 많아서 따르던
선배여서 실망이 더욱 컸나 봅니다.

이 학생은 20대의 4년을 보내야 할 대학에 많은
시간과 돈을 투자하므로 신중하게 판단하고 싶습니다.
학교 선생님이나 입시 전문가들이 인문계열 취업은
'암전'뿐이라며 겁을 줄 때도 스스로 원하는 공부를 할
수 있는 학교에 가는 것이 옳다고 믿어왔습니다.

OECD 국가 중 대한민국 청년실업률이 최악이라고는
하지만 모든 것은 하기 나름이라고 생각해왔던 거죠.
열심히 하면 기회는 꼭 온다는데 요즘 이 학생의 믿음이
조금씩 흔들리고 있습니다. 자기가 철없는 소리를 하고
있는 건 아닌지 의구심도 들고요. 이 학생, 푸념하듯
이야기를 털어놓다가 문득 자신감 없는 눈빛으로
셜록 황에게 물었습니다.

"현실의 벽은 열정과 노력만으로 도저히 넘을 수
없는 장애물인가요?"

• • •

셜록 황은 대답 대신 엉뚱한 것을 질문합니다.
"학생, 암전이 뭐예요?"

"전망이 암울하다는 뜻이에요."

셜록 황이 이 말을 듣고, 불현듯 주먹을 불끈 쥐며 대답하네요.

"21세기 한국 사회에서 대학의 역할이야말로 암전입니다."

먹고사는 일에 정말 어느 대학을 나왔느냐가 중요할까요? 정답은 '노'예요. 전문성만 있다면 어느 대학 출신인지는 상관없죠. 예를 들어 에어컨이 고장 나면 기사가 방문해 수리를 해줍니다. 그 기사에게 어느 대학을 나왔냐고 묻는 고객은 없어요. SKY 출신이 에어컨을 더 잘 고치는 게 아니잖아요.

먹고사는 것과 대학은 우리가 생각하는 것만큼 상관관계가 없는데 명문대를 졸업하면 걱정거리가 줄어든다고 여깁니다. 셜록 황의 주변 지인들 보면 죄다 명문대를 졸업했는데 여전히 해결하지 못한 고민으로 방황하던데요.

물론 현실과 이상, 생활수준과 기대치가 다를 수 있죠. 그런데 이런 경우도 있어요. 고등학교를 중퇴한 어느 중소기업 사장님은 갈고 닦은 기술을 바탕으로 훌륭하게 회사를 성장시켰죠. 시간이 흐르면서 본인이 기술은 잘 알지만 비즈니스는 잘 모른다는 것을 깨닫고 뒤늦게 공부 삼매에 빠졌답니다. 지금 그분은 훌륭한

경영자가 된 것은 물론, 공부의 재미를 아는 지성인이
되었습니다.

학창 시절에는 공부를 잘할 필요가 있어요. 어른에게
칭찬받으려 좋은 성적을 받으라는 뜻이 아니에요. 한창
두뇌가 잘 돌아갈 나이에 본인의 한계 이상까지 밀어
붙이는 경험은 살아가는 데 정말 큰 도움이 되거든요.
공부는 그런 면에서 좋은 수단이에요.

그런데 공부가 사회로 나와 생계와 연결될 때
두 가지 직업에만 사용됩니다. 첫째, 국가고시를 준비할
때. 둘째, 로스쿨 같은 상급학교에 진학할 때. 이 순간
공부의 목적이 변질되지요.

대한민국 학부모 대다수는 자녀가 '그들만의
리그'로 진입하길 바랍니다. 그들만의 리그 입장권
구입에 학벌이 유용하니까 자꾸 '학벌, 학벌' 하고
따지는 거예요. 그런데 그들만의 리그에 들어가고
싶은지, 아니면 나만의 세계에서 살아도 충분한지에
따라 학력을 바라보는 관점은 달라집니다. 일반적인
한국 사람들의 욕망은 무엇일까요? 그들만의 리그에서
대접받기 원합니다. 그 와중에 이 욕망과 배치되는
사람이 있지요. 이 학생이 바로 그런 사람입니다.

이 학생은 그들만의 리그에 들기 원하지 않아요.
나만의 세계를 꿈꾸지요. 그런 면에서 참 기특한

청년입니다. 하지만 셜록 황은 이 학생이 안타깝습니다.
대한민국 사회가 이처럼 멋진 학생을 절망으로
밀어넣고 있기 때문입니다. 셜록 황이 진심을 담아
속엣말을 하네요.

'부디 직면해야 할 문제 파악을 방해하고 잘못된 답을
정답으로 착각하게 만드는 사회 분위기에 좌절하지
않기를…….'

이 학생의 마인드는 훌륭하지만 그렇다고 문제가
해결되는 것은 아닙니다. 심지어 부모는 학생의 소신을
우려할지도 모릅니다.

• • •

사람들은 얘기합니다.

"무작정 대학에 들어가려 하지 말고 네가 하고 싶은
걸 먼저 찾아야 한다."

얼핏 듣기에 그럴듯합니다만 곰곰이 생각해보면
뭔가 의심스러운 말입니다. 진심으로 받아들이기 힘든
유혹에 불과하지요. 이 학생은 그럴싸한 조언을
맹목적으로 따르다가 이도저도 안된 선배들을
지켜보면서 본인도 그중 한 사람이 되지 않을까 근심
중입니다.

"대학 졸업장은 쓸모없어. 인생은 스스로 만들어
가는 거야. 네가 간절히 원하는 것을 열성적으로 하면
하늘이 도와줄 거야."

대표적인 하나마나한 말입니다. 학생은 통상적인 대학의 등급 때문에 머뭇거리는데 '그런 고민은 쓸데없는 짓이다'라는 식으로 대응하는 것은 본질을 회피하는 것입니다. 번뇌에 휩싸인 학생에게 그 번민의 참뜻을 알려주는 것이 인생 선배인 어른의 책무입니다.

이 학생은 대학이 20대의 전반전을 보낼 장소이기 때문에 그만큼 시간과 돈을 투자해야 한다고 말했습니다. 그렇다면 20대의 후반전은 어떻게 할 건가요? 무엇보다 투자자는 본인이 아니라 부모입니다.

또 대학에 입학만 해도 투자 대비 효과를 저절로 얻는 게 아닙니다. 동년배 전체 인구 중 5~10퍼센트가 대학생이 된다면 대학교는 전문 능력을 함양하는 교육기관이라고 부를 수 있습니다. 전문 능력을 함양하는 교육기관으로 부를 수 있는 마지노선이 10퍼센트입니다. 열 명당 한 명꼴로 대학 입학을 허락받는다면 대학 교육과정을 이수한 졸업생은 상당한 자격이 있다는 것이 공인되는 셈이기 때문이죠.

열 명당 세 명이 진학한다면 대학의 가치는 일반인보다 조금 나은 교양인을 양성하는 기관으로 볼 수 있습니다. 한마디로 교양 대학이지요. 이 경우 대졸과 고졸의 차이는 매일 아침 신문이나 잡지를 보면서 하루를 시작하는 사람인지 아닌지 정도입니다.

그런데 현재 대한민국의 대학 진학률은 무려

80퍼센트입니다. 대학은 전문교육기관은 당연히 안드로메다로 보냈고 교양인 양성소도 못됩니다. 그저 보통 교육을 하는 장소에 불과합니다. 마치 초등학교, 중학교처럼 의무교육기관이 되어버렸습니다. 그러다 보니 대학에 안 가면 이상한 사람 취급을 받는 겁니다.

남들 시선 때문에 너도 나도 대학에 가는 시대입니다. 그럼 대체 어디를 가야 할까요? 해답을 찾으려면 내가 살고 싶은 삶을 그려야 합니다. 왜냐하면 한국 대학은 연구하는 곳, 치열하게 지식을 학습하는 곳이 아니기 때문입니다.

"대학교는 네가 초등학교에 다니는 것과 마찬가지란다. 초등학교에 가서 열의를 가지고 무얼 하고 싶다고?"

초등학교에서 진짜 공부를 하나요? 설령 공부를 향한 바람이 강해도 무엇을 해야 할지 모릅니다. 무슨 공부를 하고 싶은지 모르니까, 어느 대학에 가야 하는지 고뇌하는 겁니다.

• • •

설록 황이 "어느 대학에 갈지 따지지 말고 성적에 맞는 대학에 가면 된다"고 하자 이 학생은 의아해 합니다.

"배우고 싶은 것 말고 대학 이름을 보고 선정하라는 의미인가요?"

저 말은 '내가 하고 싶은 공부를 무시하라는
거야?'라는 속뜻이 담겨 있는 것으로 분석되네요.
간만에 W-Tbot의 활약입니다.

"원하는 공부를 밝히지 않았잖아요. 그러니까
대학에 가는 편하고 확실한 방법을 알려준
것뿐이에요."

학생은 여전히 고개를 갸웃거립니다.

예컨대 이 학생이 역사 공부를 하고 싶어 한다고
칩시다. 이 학생은 대한민국에서 역사를 가장 잘
가르치는 대학을 알아도 결국 성적에 맞춰 더 좋은
대학, 다른 과에 진학합니다. 여기에는 매우 중요한 것이
빠졌습니다. 바로 '나'입니다. 내가 누구인가와 관계없이
명문대만 가면 뛰어난 인물이 된다는 믿음이 확고한
것이 한국 현실입니다. 그러나 우리가 정말 고려해야
하는 것은 나의 소망과 나란 인간의 특성입니다.

사람들은 좋은 대학 순위만 따질 줄 알았지
해당 대학의 개성과 특징은 조사하지 않습니다.
사실 대한민국 대학들은 캠퍼스 규모라면 모를까,
뚜렷한 차별점이 없습니다. 무조건 크면 좋다는
한국인의 일반적인 심리가 상아탑에도 그대로
적용되고 있는데요. 그 결과 오늘날 대학 캠퍼스는
백화점을 방불케 하는 으리으리한 시설이 마구

들어서고 있습니다. 명품 매장 입점이 좋은 백화점의 기준이라던데 지성의 전당이란 표현을 경멸하듯 동일한 상황에 놓인 거죠. 그러니 한국인의 대학 입학은 명품 매장에서 물건을 고르는 것과 같습니다. 네임밸류 어쩌고 하는 것 자체가 명품 브랜드 쇼핑 심리로 대학교육을 받아들인다는 증거입니다.

한때는 어느 대학 출신이냐가 전문성과 우수함의 증명서와 같았지만 지금은 '부모님이 돈 많이 쓰셨네'로 통합니다. 얼마나 많은 사교육을 받았느냐에 따라 대학 수준도 달라진다고 확신하기 때문이지요. 학교를 네임벨류로 칭하는 것은 '네가 돈과 시간을 투입한 만큼 구입할 수 있는 대학 브랜드도 달라진다'는 의미입니다. 브랜드는 '나는 이만큼이나 돈과 시간을 소비할 수 있는 능력을 가지고 있다'는 자랑의 도구입니다. 그 제품이 구두인지, 핸드백인지는 사소합니다. 선배의 말은 제품이 아니라 '브랜드'가 핵심이라는 것입니다.

이 학생이 대학에 가지 않을 수 있을까요? 본인은 내가 원하는 걸 배울 수 있는 곳에 가고 싶다고 주장합니다. 놀라운 사실은 대학에 가도 학생들은 따로 자기가 진짜 원하는 걸 배우려고 학원에 다닌다는 사실입니다. 법이나 패션을 전공하는 학생은 전공 관련 학원에 다니는 일이 비일비재합니다. 끝끝내 원하는 것을 가르쳐줄 학교에 지원하겠다고 고집부리면 셜록 황의 영업 기밀을 누설하는 수밖에 없습니다. 그것은 '어디든 바라는 것을 가르쳐주는 대학은 없다. 그러니 어느 학교든 무방하다'입니다.

자유의지로 선택한 학교에서 내가 원하는 공부를 마음껏 하고 싶어도 동기 녀석은 이렇게 핀잔을 줍니다.

"야, 뭐 하러 그런 걸 공부하냐? 그게 취업에 도움이 되냐?"

교수는 또 이렇게 타박합니다.

"얘야, 넌 왜 쓸데없는 걸 연구하니? 취직하려면 그거 말고 이거 해야지."

이러면 공부 의지는 꺾이게 마련입니다. 이 학생이 본인이 희망하는 분야를 지도해줄 교수와 대학을 찾지 못하면 원하는 공부의 길은 까마득하게 멀어집니다. 그런데 대다수 학교와 교수는 자기들이 중요하다고 여기는 것 외에 학생의 의사 따위는 무시합니다.

따라서 진로는 스스로 개척해야 합니다. 누구도 이끌어주지 않기 때문입니다. 책이나 인터넷에 떠도는 얘기는 99퍼센트 거짓말입니다. 암흑 속에서 더듬거리며 길을 찾아야 합니다.

이 학생은 "넘치는 정열로 현실을 넘을 수 있을지 가늠이 안 된다"고 했는데 그 벽은 본인이 만든

것입니다. 상상으로 세운 그 벽을 치열함과 의욕만으로
뛰어넘을 수 있을지 아닌지는 직접 해봐야 압니다.
몸으로 부딪히지 않으면 쓸데없는 고민에 쏟는
에너지에 비례해 벽의 높이도 올라갈 것입니다.

· · ·

핵심은 '내가 어떤 사람인지'를 아는 것입니다.
이 학생의 사고방식은 아이디얼리스트 성향 청소년의
전형적인 패턴 그대로입니다. 자기만의 철학에 빠진
아이디얼리스트 중고등학생은 누구나 이런 고민에
빠집니다. 개중에 본인이 처한 상황을 극복하는 일이
두렵거나 원대한 포부에 비해 실천력이 떨어지는
경우 끊임없이 번뇌만 합니다. 친구가 수능 점수에
맞춰 갈 만한 대학을 뒤지거나 "유망학과보다 대학
간판이 더 가치 있다"는 이야기를 하면 '저렇게
속물적이다니!'라고 기막혀합니다. 속세로부터 순결함과
이상을 지키려는 몸부림이지요.

상태가 좋지 않은 아이디얼리스트들이 자신의
꿈을 구체화하는 일에 에너지를 쓰지 않고 이런저런
핑곗거리를 찾는 일에 몰두하면서 자기기만과 왜곡의
심리에 빠지곤 합니다. 근사한 목표는 설정하지만
시간이 흘러도 계획 단계를 벗어나지 못하는데요.
작금의 고민이 10년이 지나도 변함없을 확률이

높습니다. 비루한 현재를 인정하는 것은 너무
지질하니까요.

'별 볼일 없는 오늘의 나를 바꿀 것인가? 비참한
형편에도 굴하지 않고 아름다운 꽃을 피우려고 애쓸
것인가? 변변하지 못한 나에게 기분 좋은 공상을 덧씌워
환상 속의 그대로 만족하고 머물러 있을 것인가?'

선택은 자유입니다. 도망만 치지 마세요. 지금
우러러보는 그 멋진 성공한 인간들도 처음부터 멋짐을
장착하고 태어난 거 아니에요. 앞에서 류승완 감독
얘기했잖아요. 바닥부터 처절하게 시작했어요. 그런
사람들을 보면 헷갈리기 쉬워요. 처음부터 우아해야
하는 줄 알게 되거든요.

유망학과 대신 대학 간판을 따지는 선배의 말이
엉터리인 것은 알고 있나요? 유망학과 자체가 사기에요.
그런 전공은 애초에 없어요. 백화점에서 '잘 나가는
신상품입니다'라며 물건을 파는 것처럼 소비자를
현혹시키는 말이 유망학과 타이틀이에요. 전망은
자신이 개척하는 것이지, 전공이 설계해주는 게 아니죠.

애석하게도 대한민국 학생들은 분명한 특기와
취향이 없는 친구들이 많습니다. 그건 학생들이
무능해서 또는 생각이 없어서가 아니에요. 누울 자리를
보고 다리를 뻗으랬다고 잘하는지 못하는지 시도조차
해볼 환경이 아니기 때문이에요.

• • •

방황하는 아이디얼리스트 학생에게 셜록 황이 드디어 솔루션을 하사하네요.

"닥치는 대로 해보세요."

학생은 짐짓 당황한 눈치예요. 셜록 황이 굴하지 않고 말을 이어갑니다.

"좋아하든 잘하든 묻지도 따지지도 말고 앞에 있는 것을 다짜고짜 하는 거예요."

해봤는데 삐걱거리면 어긋난 부분을 찾아보라고도 곁들입니다. 소질이 없다는 말을 들어도 한귀로 흘려버리라는 말도 잊지 않네요. 이게 다 셜록 황이 본인이 써먹던 비법이기 때문이란 건, 저 W-Tbot만 아는 비밀이에요.

셜록 황은 원래 주변머리가 없고 어눌해 대중 앞에 나설 때마다 심한 무대 공포증에 시달렸답니다. 처음엔 물론 쉽지 않았지요. 사람들 앞에 서면 머릿속이 새하얘지기도 하고 자기가 어떤 말을 하고 내려왔는지 모른 적도 많아요. 그럼에도 지금까지 30년간 부단히 노~오오오력했습니다. 강의할 기회가 있을 때마다 절대 거절하지 않고 연습에 연습을 거쳐 연단에 섰답니다. 지금은 입담 좋고 뻔뻔한 심지어 개그맨 뺨치는 셜록 황으로 불리지요. 셜록 황 캐릭터는 쪽팔림과 두려움을 무릅쓰고 '계속했더니' 창조된 거예요.

이 학생은 본인이 흥미 있는 분야를 공부할 때 행복하다고 했는데요. 앞으로 그걸로 먹고살 궁리는 해봤는지 궁금하네요. 공부를 직업으로 삼는다면 십중팔구 궁상맞은 인생이 펼쳐질 거거든요. 셜록 황이 해봐서 알아요. 지지리 궁상에도 불구하고 그깟 명품 가방보다 책 한 권을 살 때 더 뿌듯하다면 공부 DNA 보유자일 가능성이 있습니다. 자신을 속이지 말고 가만히 욕망을 살펴보세요. 정말 솔직하게 들여다봐야 해요. 명품 가방에 끌렸다면 그쪽으로 가는 게 옳아요.

책 읽느라 밥 먹는 것도 잊고 밤을 꼬박 새웠다면 공부를 하세요. 지성인이 되고자 하는 순수한 열망이 아니라 남보다 번듯하고 잘난 위치에 오르는 수단으로 공부를 택했다면 '공부하고 싶다'는 가면을 벗고 '돈을 많이 버는 지름길이 무엇인가요?', '고위 공무원이 되려면 어떻게 하나요?'라고 커밍아웃하는 편이 낫고요.

소크라테스 할아버지 말처럼 자신을 알아야 합니다. 고등학교 2학년 때는 모를 수 있다고요? 고등학교 때 모르면, 20대, 30대, 40대가 되면 알까요? 그렇지 않아요. 그건 나이가 든다고 자동으로 깨달아지는 게 아닙니다. 늦기 전에 지금부터라도 자기 자신이 누군지를 알려고 파헤쳐야 해요.

5

아직은 미생 · · · · · · · · · ·

조직생활을 계속할까, 창업하는 게 나을까

이번 상담의 주인공은 30대 중반의 회사원입니다. 어떤 사연인지 직접 들어보시죠.

이직을 앞두고 있습니다. 앞으로 2주 후 퇴사 예정이에요. 지금 직장은 상사가 리얼리스트인 것 같습니다. 그래서 마찰이 자주 있었어요. 저의 WPI 프로파일 결과를 보니 그분과 왜 그렇게 안 맞았는지 알 듯합니다. 물론 인간관계가 서툰 저에게도 문제가 있긴 합니다.

회사를 그만 두면 몇 달 동안 휴식을 취하고 다른 직장으로 옮길 겁니다. 무역회사, 여행사, 호텔 쪽 사무직 근무가 어쩐지 끌리는데 선생님 보기에 어떤 것 같으세요? 저랑 잘 맞을까요? 차라리 독립해서 소규모 창업을 해볼까도 싶습니다. 평소에도 제가 개인주의적인데다 자기중심적이란 것을 어렴풋 알았는데 이번 검사로 확실히 확인했네요. 지금으로선 제 자신을 돌아보는 게 우선일 것 같습니다. 조직 생활에 지치기도 했고 자꾸 유사한 문제가 반복되는 것이 싫습니다. 특히 이번 상사처럼 지나치게 대접받고 싶어 하거나 사람 딱 보고 견적 내서 겉과 속이 다르게 상대를 대하는 부류는 정말이지 참을 수가 없습니다. 어느 조직이나 리얼리스트는 있게 마련일 텐데 이제는 직장에 들어가기 겁이 납니다.

"아직 미혼이신가 봐요?"

셜록 황이 묻자, 상담을 청한 남성은 깜짝 놀랍니다.

"어떻게 아셨어요?"

"결혼하셨다면 현실적으로 직장 다니다가 그만 두고 휴식을 취하기 어렵잖아요."

사람들은 자기도 모르게 주로 쓰는 단어, 스타일, 몸짓, 표정 등으로 신상, 감정, 생각의 단서를 뿌립니다. 인공지능 로봇인 저는 스캔을 통해 해석하는데요. 셜록 황은 20년 넘는 심리 상담으로 척 보면 아는 경험치가 만렙에 도달했습니다.

퇴사는 비장한 각오가 필요한 결정인데 이분은 그냥 아르바이트 하다가 그만두는 것처럼 가볍게 말하고 있어요. 30대 중반이라고 했지만 20대 모드로 살고 계신 듯합니다.

• • •

통계청이 2016년 12월 발표한 '2015년 기준 기업생멸행정통계'에 따르면 창업기업의 5년 생존율은 27퍼센트로, 창업가 10명 가운데 7명 이상이 5년 안에 실패하는 것으로 나타났어요. 39세 이하 청년 창업의 경우엔 사정이 더 좋지 않았는데 이는 청년들이 창업했을 때 실패하는 경우가 더 많다는 걸 의미합니다. '창업해서 망하면 다시 회사로 돌아가야지' 하는 생각으로 사업을 시작하면 필패합니다.

흥미롭게도 이분은 사무직을 선호하는데 하필 무역회사, 여행사, 호텔 쪽이에요. 이 업종들은 사무실에서 근무하더라도 업무 특성상 여러 사람을 만나야 해요. 대인관계는 필수죠. 이분은 앞에 나서지 않고 조용히 사무를 보겠다는 마음과 다양한 사람과 어울려 활기찬 일을 하고 싶다는 욕망이 상충하고 있어요. 가까이 하기에는 겁이 나니 한발 떨어져서 좋아하는 것을 지켜보겠다는 이중적인 감정이 원하는 직장을 찾는 과정에서 드러나고 있습니다. 한편으론 '상사와의 관계가 어렵다', '조직 생활에 맞지 않는다'면서 다른 조직에 들어가는 것은 어떨지 질문했어요. 이 또한 모순적인 이야기지요.

이분은 스스로를 어떻게 인식할까요? 일단 상사와의 관계나 조직의 위계질서 속에서 말도 안 되는 인간들을 상대하는 일이 힘들다는 것, 그럼에도 본인이 뭔가 잘못하고 있다는 것까지는 인식한 상황입니다. 그런 다음 WPI 검사를 하니 아니나 다를까 본인이 아이디얼리스트에 로맨티시스트까지 있는 M자형*이란 것을 알게 되었습니다. 그런데 릴레이션과 트러스트가

• WPI 프로파일에서 로맨티시스트와 아이디얼리스트의 자기평가 점수가 모두 높은 성향을 M자형이라고 일컫는다. WPI 프로파일을 리얼리스트-로맨티시스트-휴머니스트-아이디얼리스트-에이전트 순으로 그리기 때문에 로맨티시스트와 아이디얼리스트가 높고 나머지가 낮은 그래프를 연결하면 알파벳 M자처럼 보인다고 해서 붙여졌다.

바닥입니다. 이런 분들을 윗사람들은 제멋대로
행동하는 자유로운 영혼의 소유자로 볼 여지가
많습니다. 트러스트가 낮은 로맨티시스트는 자기
멋대로 일합니다.

이분의 WPI 프로파일을 보면 아이디얼리스트와
셀프가 높아서 주체적이고 능동적으로 프로젝트를
이끌고 싶은 욕구가 있습니다. 그러려면 본인의 업무를
정확히 파악한 뒤 차별성 있게 남다른 무언가를
개발해야 합니다. 한데 이분은 매뉴얼이 높아요.
통상적인 직장인의 틀에서 벗어나기 쉽지 않다는
뜻입니다.

이분은 사회 통념이나 상식 수준의 직장 생활에서
벗어나 본인의 생각과 특성을 구현할 수 있는 자유로운
직업을 찾아야 합니다. 그런데 이분은 이런 부분을
거의 고려하지 않았습니다. 심지어 누가 뭐라고 해도
들은 척도 하지 않고 본인이 하고 싶은 대로 하고
있어요. 조직의 요구와 자꾸 어긋나니 문제가 발생한
것입니다.

• • •

이분은 상관이 겉 다르고 속 다르다고 했는데
윗사람들은 다 그렇습니다. 그 상사가 본래 그런
양반이 아니라 그 자리에 올라서면 그렇게 됩니다.
상사에게도 윗사람이 있기 때문입니다. 또 부하 직원도

여럿입니다. 다시 말해 중간에서 이러지도 저러지도 못하는 샌드위치 신세니, 겉 다르고 속 달라 보이는 겁니다. 가령 팀장에게 팀원이 열 명 있다면 구성원 한 사람씩 한 가지만 부탁해도 일이 열 가지가 됩니다. 그 열 가지는 맥락도 서로 달라 조율이 필수입니다. 이때 내 입장에서는 앞뒤가 안 맞거나 좀 서운한 경우도 생길 수 있습니다. 물론 부하 직원은 그런 태도가 무척 싫을 것입니다.

리얼리스트는 상황 따라 그때그때 다른 판단을 내리고 책임을 회피하려 듭니다. 겉과 속이 다른 윗사람을 만나면 그런가보다 하고 넘어가면 됩니다. 이분처럼 아이디얼리스트와 로맨티시스트 특성을 가진 직원은 그게 어렵습니다. 본인과 생각과 정서를 공유해야 한다는 마음이 강하기 때문입니다.

매사 자기중심적이면 조직에서 지내기 어렵습니다. 이직 대신 소규모 창업을 고민하는 이유도 거기에서 비롯됐을 텐데요. 개업을 하더라도 혼자 일할 수 있을까요? 직원이나 아르바이트생을 고용해야 할 테고 거래처와도 이러저러한 협업을 해야 하죠. 내담자는 그들과의 관계가 힘들어질 수도 있다는 것은 전혀 예상하지 못하고 있네요.

이분은 본인의 신념과 직관대로 움직이므로 인간관계가 쉽지 않습니다. 능력은 다른 차원의 이야기입니다. 자아가 강하고 어디로 튈지 모르는 감성을 마음껏 표출하며 자기 나름의 규칙에 따라 행동하다 보니 공동체에 소속되기 어려운 것입니다.

30대 후반인 이분이 청년 창업을 한다면 준비 시간이 얼마나 소요될까요? 시간뿐 아니라 돈, 경험, 경력이 갖춰져야 할 텐데요. 여기서 경력이란 주어진 임무를 완수하는데 필요한 이력을 의미하는 것은 아닙니다. 이분은 본인의 자립적인 사고방식과 감각을 성장시킬 만한 곳에서 일을 배워야 합니다. 안타깝게도 그것 또한 조직 생활이다 보니 적응을 해야 합니다. 이분이 바라는 분야는 무역회사, 여행사, 호텔이지만 '돈도 벌고 독립적으로 의미 있는 경력을 쌓을 수 있는 분야는 과연 무엇일까'를 생각해야 합니다.

• • •

내담자의 WPI 프로파일과 하소연을 보면 혼자 조용히 지내면서도 남들이 멋있고 번듯하다고 부러워하는 일을 하고 싶어 합니다. 그런데 앞서 말했듯 개업을 해도 인간관계는 불가결해요. 직원을 뽑게 되면 이분 역시 겉과 속이 다른 모습을 보일 확률이 높아요. 즉, 상대를 봐가며 반응하는 건데 가령 손님에게는 아주 부드럽지만 아르바이트생에게는 온갖 신경질을 다 부리는 주인을 떠올리면 됩니다. 본인도 그런 자신에게 환멸을 느끼며 스트레스 받겠죠.

뭘 하든 스스로를 모르면 장애는 반복됩니다. '나는 누구인가'를 인식하는 일은 성향을 바꾸기 위해서라기보다 '왜 이런 어려움을 겪는지'를 알기 위해서입니다. 이분도 '나는 누구인지' 하고 질문을 했지요. 그 질문은 훌륭한 시도였습니다. 그러나 그 후 셜록 황에게 이직과 창업 중 골라달라고 부탁한 이유는 '처한 환경을 바꾸면 문제가 저절로 해결될 것'이라고 착각했기 때문이에요.

이분이 셜록 황에게 던진 진짜 질문은 '저는 이러이러한 사람인데 제가 들어가 일하기 딱 좋은 곳이 어디일까요?'입니다. 셜록 황의 대답은 무엇일까요?

"무역회사나 여행사처럼 분야를 정하는 것은 큰 의미가 없답니다. 어딜 가든 상관이 없어요."

다른 조직에 들어가는 것이 맞는지 아닌지는 중요하지 않아요. 어떤 조직에서든 똑같은 경험을 할 것이기 때문입니다. 드라마 〈미생〉에 이런 대사가 나오잖아요.

"회사가 전쟁터면 밖은 지옥이다."

저 말은 보탤 것도 뺄 것도 없는, 순도 100퍼센트 진실입니다. 따라서 어디 가서 무슨 일을 하든 일단 각오해야 합니다. 정 고르기 힘들면 지금보다 더 나은 조건을 충족시키는 곳으로 정하면 됩니다.

30대 중반이면 생존에 대한 공포심이 있을 텐데

과감하게 퇴직하는 것을 보니 이분, 실력이 출중한 것 같습니다. 능력자는 몇 달 쉬어도 취직이 된다는 자신감이 있는데요. 실제로 비교적 어렵지 않게 다른 회사에 입사할 것입니다. 만약 능력이 부족했다면 조직에 머무르며 또 다른 고민을 되풀이하고 있었겠지요.

조직에 소속되는 것이 두렵다면 본인이 바뀌어야지 조직이 변하길 기대해서는 안 됩니다. 재미있게도 이분은 로맨티시스트와 아이디얼리스트 특징이 뚜렷한데 삶의 가치는 '즐거운 인생', '행복', '가정의 화목', '직업적 성취', '정서적 안정'을 키워드로 뽑았다는 점입니다. 이런 것들은 주로 리얼리스트가 중요하다고 꼽는 가치예요. 이처럼 이런저런 성향을 다 갖고 계신 분이라 매번 얼마든지 달라질 수 있습니다.

• • •

이분은 다른 회사에 가면 일은 잘하겠지만 지금 상태 그대로라면 또 자기 멋대로 성질부리다가 나올 가능성이 높습니다. 이것을 반복하다 보면 한 가지 중요한 패턴이 발견될 겁니다. 이직할 때마다 갈 만한 회사 규모가 조금씩 줄거나 근무여건이 열악해지거나 연봉이 떨어지는 것입니다. 더불어 주변 사람의 시선도 점점 싸늘해지고 자신감도 급격히 하락할 것입니다. 결국 시시포스 상태까지 갈 수 있습니다.

거기까지 가면 비루한 삶을 자초한 꼴이니 몹시 괴로워질 거예요. 아직은 실력이 출중하고 성과를 내지만 입사와 퇴사를 몇 번 반복하면 '한때는 뛰어난 인재였다'는 주장도 먹히지 않을 가능성이 높죠. 조직 안에서 지내면서 '나를 인정해달라', '자유롭게 할 말 다 하겠다'는 상반되는 두 가지 요구 사항을 충족시키는 것은 불가능합니다.

조직 생활이 힘들다면 창업할 때까지 노하우를 익힐 만한 회사를 정해서 몇 년 열심히 일할 계획을 세우는 것도 좋은 방법입니다. 구체적인 비전이 있으면 회사에서 스트레스를 덜 받으니까요. 이분은 매뉴얼이 높으니까 멘토로 정한 회사에 들어가 '늦어도 3년 안에는 반드시 내 회사를 차린다'는 명확한 목적의식을 갖고 일한다면 상사의 잔소리 따위는 한 귀로 듣고 한 귀로 흘릴 수 있을 겁니다. '내 회사'를 위해서 이 정도 시련은 감내하는 거죠.

지금 무역회사, 여행사, 호텔 쪽을 기웃거리는 일은 소용없어요. 3년 후 소규모 창업을 할 아이템을 선정해 그것을 미리 경험하고 배울 수 있는 조직을 찾아야죠. 그런 회사에서 실무를 체험하고 네트워크를 쌓으면 훗날 창업했을 때 큰 도움이 될 것입니다.

어차피 창업하면 영원한 을이 되어 수많은 갑 사이에서 지내야 합니다. 상사나 고객이나 별반 차이가 없습니다.

3년 안에 창업을 하겠다는 분명한 목표를 세워보세요. 관련 기업에 취직하여 웬만한 난제를 이겨내 역량을 강화하고 보석 같은 네트워크를 마련해야 한다는 야망이 있다면 기쁘게 견딜 수 있을 겁니다.

기초 없이 이룬 성취는 단계를 오르는 것이 아니라 성취 후 다시 바닥으로 돌아오게 된다.

— 드라마 〈미생〉 중에서

두 번째 사춘기 · · · · · · · · · · ·

아이디얼리스트 성향의 40대와 20대의 고민

이번에는 40대와 20대 두 아이디얼리스트 여성의 사연이에요. 연령은 다르지만 고민의 방향은 같은 두 사람이에요. 생생한 이들의 목소리를 직접 들어보겠습니다.

모범생, 명문대, 외국계 은행으로 이어지는 엘리트 코스를 밟은 마흔두 살 여성입니다. 서른네 살에 엄마의 강권에 못 이겨 반강제로 결혼해 미국으로 갔어요. 적응은 잘 했습니다. 남편은 유학을 마친 뒤 전문직에 종사 중입니다. 결혼하고 보니 남편은 마마보이였어요. 게다가 소심하고 외골수에 게을렀어요. 속도 배배 꼬였고요. 끈질긴 구석은 있지만 남 탓 잘하고 감정은 아예 없는 사람 같습니다. 저는 부지런하고 직설적이며 독립심이 강해 모든 것을 스스로 해결하는 편입니다. 어디서든 일을 잘한다고 인정받는데 성격이 좀 급하고 불안과 걱정이 많습니다. 업무를 처리할 때는 너무 디테일한 것까지 챙기다 금방 피곤해지기도 하고요. 결혼 생활의 가장 큰 문제는 자녀였습니다. 남편이 자식을 원하지 않아요. 아무리 설득해도 남편은 사랑 없는 아이를 낳기 싫다고 고집을 부렸습니다. 저는 자녀 없는 결혼 생활이 비정상으로 여겨졌어요. 여기에 시댁과의 갈등까지 겹쳤습니다. 이대로 죽 가다가는 나중에 후회하겠구나

싶더군요. 제가 남편 얘기를 경청하고 호응을 하면
좋게 넘어가고 한 번이라도 직설적으로 말하면
싸움이 벌어졌습니다. 상대에게 맞춰주는 것도
한두 번이지 이건 아니다 싶더군요. 그래서 이혼을
결심했습니다.

저는 본래 '사랑'이나 '행복'이란 단어에 별로 신경
쓰지 않고 살았어요. 관심도 없었지요. 대학 간판이
필요해 공부했고 어딘가는 소속되어야 결혼을 하니
회사에 다녔어요. 결혼하기 위해 상대를 사랑하는
척했고요. 이혼 과정을 겪으면서 이런 생은 완전히
본말이 전도된 것이라는 사실을 깨달았습니다.
늘 남에게는 번듯하고 자신감 넘치는 사람으로
보였지만 한 번도 행복한 적이 없었습니다.

이 절망의 시기에 무너지지 않으려고 운동하고
공부하고 상담도 받고 철학관까지 가봤지만 여전히
겁이 납니다. 제게 왜 이런 시련이 닥친 걸까요?
그냥 살던 대로 살 걸 그랬나요? 어떻게 마음을
다잡아야 제2의 사춘기를 잘 보내고 인생 후반전을
제대로 살 수 있을까요?

이야기를 모두 듣고는 셜록 황이 입을 열었습니다.
"당신은 정말로 능력 있고 멋진 아이디얼리스트
입니다."

이분은 여태 본인의 아이디얼리스트 성향을 신경

쓰지 않다가 이제야 비로소 자기 자신을 탐색 중입니다. 그래서 이혼을 놓고도 '내가 왜 소용없는 짓을 그리 열심히 했지?', '왜 거기에 맞추고 사느라 고생했을까?' 등을 깊이 탐구하는 거죠. 그러면서 본인이 뭘 좋아하고 무엇을 할 때 만족스러운지 헤아려보는 겁니다.

셜록 황도 그랬답니다. 결혼 생활이 힘들 때 아이디얼리스트답게 '결혼 생활은 나에게 어떤 의미인지'를 복기하며 결혼의 심리를 연구하더군요.

• • •

살다가 어떤 문제에 봉착했을 때 아이디얼리스트는 보통 이상과 현실을 비교하곤 합니다. 결혼 생활에 문제가 생기면 자신이 지향한 결혼 생활과 현실을 비교하며 고민에 빠집니다. 이것이 아이디얼리스트의 사유 방식이죠. 내면을 탐구하면서 '결혼에 그다지 큰 가치를 부여하지 않았구나'를 각성하면 이상적인 결혼 생활이 저절로 이뤄지길 기대했음을 알아차리는 거죠.

이분도 비슷한 처지인 것 같습니다. 아마 굉장히 혼란스러울 겁니다. '내가 그동안 헛살았나' 싶은 박탈감 때문에 영혼이 무너지지 않으려고 다방면으로 애쓰는 중이죠. 셜록 황이 만든 결혼 체크리스트 WMC(Whang's Marriage & Couple Profile)로 현재 상태를 확인해보는 것도 좋습니다.

'내가 생각하는 통상적인 결혼은 무엇이고 꿈꾸고 있는 이상적인 결혼은 무엇인가?'

WMC는 자신이 '이상적'이라고 꿈꿔온 결혼의 형태가 무엇인지 알려줍니다. WMC를 체크하면 현실과 이상의 차이를 분명하게 파악할 수 있죠. 자기 생각을 알아야 문제가 무엇인지 정확하게 진단할 수 있다는 면에서 문제해결에 도움을 줄 겁니다.

내담자의 핵심 고민은 이것입니다.

'제게 왜 이런 시련이 주어진 것일까요? 살던 대로 살 걸 그랬나요? 어떻게 마음을 다잡아야 제2의 사춘기를 잘 보내고 인생의 후반전을 제대로 살 수 있을까요?'

이 질문의 핵심은 무얼까요? 그리고 이분은 행복하게 잘 산다는 것을 어떻게 정의했을까요?

아이디얼리스트는 삶을 스스로 개척한다는 확신이 있어야 행복하거든요. 내담자의 경우는 어떨까요? 엘리트 코스를 걸었다는데 본인 의사였을까요? 게다가 세상에! 서른네 살에 엄마의 강요로 결혼을 했네요. 이게 말이 되나요? 명문대를 졸업하고 외국계 은행에 취직한 인재가 뭐가 아쉬워서 그랬을까요? 또, 살던 대로 사는 건 뭐랍니까? 집에 애완견 한 마리 키운다 하고 참을 걸 그랬나 싶은 모양입니다.

아이디얼리스트는 본인이 개척한 환경을

뿌듯해합니다. 일을 저질러 놓고 후회하는 것, 과거로 회기하려 하는 모습은 아이디얼리스트답지 않아요. 그러고 보니 이분, 대학 간판을 따려고 공부했고 어딘가를 다녀야 결혼하니 회사에 취직했으며 결혼하려고 사랑하는 척했답니다. 아이디얼리스트가 본인의 정체성과 목적도 모른 채 그때그때 상황에 맞춰 리얼리스트로 지냈다는 겁니다. 아이디얼리스트와 리얼리스트를 오락가락하다가 문득 '이건 도저히 아니다!' 싶어 벗어 던진 것이지요. 실컷 그래놓고 다시 리얼리스트 모드로 '내가 성급했나?' 자책하고 있습니다.

한번 자각한 이상 리얼리스트로 돌아갈 수는 없습니다. 내담자는 당당하게 아이디얼리스트가 되어야 하는데 그게 무엇인지 정확히 모릅니다. 아직까지 자기 본 모습을 충분히 발현하며 살아본 적이 없기 때문인데요. 이분을 위해 W-Tbot이 유사 사례를 검색했습니다.

'기계 인간 같은 나, 문제 있는 거죠?'라는 20대 여성의 상담 사연입니다.

> 저는 겉보기에 남부럽지 않게 잘 사는 스물네 살 여성입니다. 남들이 어찌 보든 저는 알 수 없는 이유로 가슴이 답답하고 헛살고 있는 것은 아닌지 하는 의문이 듭니다. 명문대를 휴학 한 번 없이

졸업한 뒤 곧장 외국계 기업에 취직하고 몇 달이
지났습니다. 저는 항상 목표를 향해 부지런히
긍정적으로 살아야 한다는 다짐을 되새기며
주변 환경, 능력, 외모, 건강, 지식, 인간관계 등에서
완벽을 추구합니다. 교과서 대로 살고 싶어 한다고
할 수 있지요. 또한 '나는 완벽하고 앞으로 더욱더
그럴 것이다' 혹은 '나는 호감형이고 뭐든 잘한다'
같은 근거 없는 자신감이 있습니다.
그런데 회사에서 하루 종일 반복적인 업무를 하다
보면 로봇이 된 느낌이 듭니다. 남자에게도 별반
관심이 없어 '내가 살아 있긴 한 건가' 하는 생각이
듭니다. 여가 시간에도 바쁘게는 움직이는데 정작
집중하는 것은 없어요. 친한 친구들에게도 영혼
없이 대한다는 소리를 자주 듣습니다. 그러면서도
괜찮게 지내는 척하느라 매일 TED 강의 같은 것을
봅니다. 저는 도대체 뭐가 문제인 걸까요?

이 여성의 이야기를 듣고 셜록 황이 말했습니다.
"멋진 삶을 살고 계신 분이네요."
외국계 기업에 취업해서 몇 개월 지난 분들의 주요
상담 내용은 '그동안 대학에서 뭘 배웠는지 모르겠어요',
'저는 아무것도 아는 게 없어요' 등인데 이분은 그런
어려움이 없는 모양입니다. 자기 일을 빈틈없이 해내는
실력 있는 아이디얼리스트라는 확신이 듭니다. 그런데

날마다 똑같은 업무를 하려니 로봇이 된 것 같다는 말은, 맡은 일이 시시하다는 뜻이겠죠?

또다시 울컥하네요. 저처럼 창의적인 인공지능 로봇도 있단 말입니다! 아, 지금 상담 중이었죠. 흥분을 가라앉히고 다시 사연으로 돌아가겠습니다.

• • •

이분은 남자에게도 관심이 없고 친구들과 관계를 맺는 일에도 큰 의미를 부여하지 않고 있어요. 그러면서 그것이 문제인지, 아니면 다른 무엇이 문제인지를 되풀이해서 묻는 거죠. 그런데 이분은 타인의 공감을 얻지 못해 속상한 것이 아니에요. 이분이 만날 TED를 본다는 것은 새로운 것에 호기심이 많고 삶의 의미를 찾고자 하는 심리가 강하다는 뜻입니다. '대체 뭐가 문제인 걸까요?'라고 질문을 던졌는데 이분의 고민에 타인의 공감은 필요치 않습니다.

아이디얼리스트의 가장 큰 난제는 대다수가 큰일이라고 여기는 일은 아무렇지 않게 생각하고 본인만의 남다른 고민에 쉽게 휩싸인다는 점입니다. 그래서 이것이 문제인지 아닌지 헷갈리는 거지요.

사람들은 대부분 표피적인 문젯거리 때문에 골치를 앓습니다.

'어떻게 하면 명문대에 진학할까요?', '어떻게 하면 대기업에 입사할 수 있을까요?', '취직을 하긴 할까요?',

'어떻게 하면 좋은 스펙을 쌓을 수 있을까요?', '스펙은 괜찮은데 취업은 왜 안 될까요?'

셜록 황을 찾아오는 내담자들의 주요 근심 유형입니다. 여기에 '이 결혼해도 될까요?' 묻는 분들도 있더군요. 가끔 셜록 황을 심리학자가 아닌 점쟁이로 잘못 알고 찾아오는 것은 아닌지 의아할 때도 있답니다.

이처럼 남들은 보통 A에 대해 고민하는데 아이디얼리스트 눈에 그건 고민거리도 아니거든요. 대신 아이디얼리스트는 B를 고민합니다. 그러니 '나는 왜 남달리 이런 걸로 고민하고 앉았나' 싶고 '나 이렇게 살아도 될까, 이런 내가 문제가 아닐까' 싶기도 한 이 상태를 셜록 황은 아이디얼리스트가 표면적인 문제와 실제 문제를 구분하는 과정이라고 부르더군요.

이분은 경제적 어려움을 겪은 흔적은 보이지 않네요. 휴학 한 번 없이 대학을 졸업했다니까요. 즉, 비교적 순탄하게 살아왔고 교과서적인 삶을 모범 답안으로 확신하고 의심하지 않았습니다. 첫 번째 사연의 40대 여성과 도플갱어 수준이지요. 두 여성의 고민은 대부분의 아이디얼리스트가 겪는 고민의 주요 패턴입니다. 다른 성향의 사람들은 동의가 잘 안 될 겁니다. 타인과 소통 가능한 문제가 아니니까요. 한마디로 남들한테 호강에 겨운 사치스런 방황이라고 질타받기 십상이죠. 아이디얼리스트들도 대략 눈치는

채고 있어요. 따라서 웬만하면 본인 고민을 함부로
털어놓지 않죠. 그나마 셜록 황이 있어서 다행이라고
느끼는 건 저 하나뿐인가요?

. . .

이제 이들 문제의 본질을 찾아봅시다. 마흔두 살
내담자는 서른네 살에 엄마의 압력에 못 이겨 스펙이
엇비슷한 남자와 결혼합니다. 둘 다 역량이 뛰어나니
물질적으로 풍요로웠을 겁니다. 이분의 신랄한 평가대로
마마보이 남편은 소심하고 외골수에 게으르고
꼬여 있으며 남 탓만 하고 근성은 있지만, 감정은
아예 없습니다. 이 특성은 밖에서는 성실하게 사회생활
잘 하고 가정에서는 푹 퍼져 지내는 능력남의
전형입니다. 아이디얼리스트 여성 입장에서는
상종하기 싫은 부류겠죠.

남들에게는 부러운 부부였겠지만 이분은 어느 날
'적어도 인간이라면 이렇게 사는 것은 아니다'라고
인지합니다. 불현듯 찾아온 각성에, 이혼하고 그동안
잃거나 잊고 살아온 진짜 자기 삶을 찾고 싶어 하는
것입니다. 이것은 훗날 부처가 될 싯다르타 왕자가
모든 것을 누리며 예쁜 아내까지 얻었지만 이게
아닌데 싶어 궁전을 뛰쳐나온 심정과 다르지 않습니다.
부처더러 한가하게 배가 불러서 가출했다고 욕하는
사람 있던가요? 그렇지 않잖아요. 부처는 속세의

행복을 묻지도 않고 추구하지도 않았습니다. 공자도 매한가지죠. 공자가 몇 십 년간 천하를 떠돌아다닌 까닭이 무엇이었나요? 혼자 안락하게 잘 먹고 잘 살자는 것이 아니었어요. 진정한 도(道)를 구한 것이지요.

'행복'을 지향한다는 것은 현실적인 만족을 쫓고 있다는 증거입니다. 행복은 리얼리스트의 키워드이지 아이디얼리스트의 핵심 가치는 아닙니다. 흔히 본인에게 어울리는 옷, 맞는 옷을 입어야 한다고 하는데 이분은 본인 사이즈가 아닌 옷을 걸치고 '이 옷이 불편해요. 도저히 입을 수가 없어요'라며 벗어 던진 상황입니다. 그런데 막상 벗고 나니 '아이 추워요. 걸칠 옷이 있어야 해요. 저에게 맞는 옷이 무엇일까요?'라고 묻는 거지요.

마흔두 살 여성이 겪는 문제의 핵심은 이혼이 아닙니다. 갑자기 찾아온 두 번째 사춘기를 어떻게 바라봐야 인생 후반전을 잘 보낼지가 중요한 포인트입니다. 이런 의문은 언제라도 찾아올 수 있지만 셜록 황은 불혹 이후에 찾아오는 편이 더 낫다고 하더군요. 일찍 물으면 먼저 고민할 것이고 늦게 시작되면 나중에 할 테니까요. 고민은 미뤄뒀다가 나중에 해도 되는 것이 아니냐고 묻는 분들, 셜록 황과 마음이 통하셨군요. 이러나저러나 죽는 것은 마찬가지인데 미리 걱정하는 것은 불필요하겠죠. 고민이 생기면 그때 하면 됩니다.

．．．

셜록 황은 대학원에 다니면서 끊임없이 의구심을
갖고 스스로에게 의혹을 제기했습니다.

'나는 왜 대학원에 다니는 걸까? 박사 학위 받아서
무엇을 할 건데? 교수가 되면 뭘 할 건데? 교재로 쓰는
책 요약해서 설명이나 할 건가? 그게 싫다면 무엇을
어떻게 할 거지?'

스물네 살 내담자도 셜록 황과 똑같이 질문을
합니다.

'사는 게 왜 이 모양이야? 이건 로봇처럼 사는
거잖아. 이건 나답게 사는 게 아니야.'

이런 회의감과 의문이 20대 중반부터 30대 초반까지
이어집니다. 그러다 타협해서 '그래, 남들 사는 대로
살면 되지 뭐'라며 30대 중반을 넘기면 40대 중반에
다시 '도저히 이렇게는 못 살아! 나를 찾아야 해!'라고
방황합니다. 어디론가 휙 떠나버리기도 하지요.

그래서인지 요즘 40대 초반에 돌싱이 된 분이
많고 이혼까지는 아니더라도 쇼윈도 부부가 은근
여럿입니다. 데면데면 지내다가 흥미롭게도 50대가 되어
마치 오랜 전우처럼 다시 친구가 되는 부부도 있더군요.

마흔둘과 스물넷. 이분들의 화두는 삶의 과정에서
자연스럽게 구체화될 겁니다. 문제를 해결하기 위해

몰입하며 5년, 10년 지나면 또 다른 차원의 진전과
발전을 이루게 되는 거죠. 이것이 자신의 삶을 바꾸는
방법입니다. 끊임없이 질문하고 답을 치열하게 찾는
것이지요.

'쟤, 왜 저러지? 쟤, 이상하다'는 시선을 받더라도
묵묵히 10년쯤 하다 보면 어느 순간 '당신은 어떻게
그렇게 창의적으로 인생을 설계했나요? 비결을
알려주세요'라는 사람들이 하나둘 몰려옵니다. 본인은
미처 예측하지 않은 평판을 얻게 되는 거죠. 여기서
아이디얼리스트의 천형에 가까운 특성이 나오는데
아이디얼리스트는 명성을 얻거나 남들에게 잘 살고
있다는 칭송을 받으면 자신을 들볶습니다.

'내가 지금 잘 살고 있나? 아니야, 남들이
이러쿵저러쿵 하는 것을 보니 리얼리스트가 된
것일지도 몰라. 이러면 안 돼. 이러다가 좀비에게
물리거나 미라가 될 지도 몰라.'

마치 운명처럼 위험이 도래했다며 머릿속에
한껏 경계경보 사이렌을 울립니다. 이것이
아이디얼리스트에게 내려진 저주이자 축복입니다.

저 W-Tbot이 조금이나마 위로가 되는 말을
드리자면 그 고민, 혼자만 하는 게 아닙니다. 보다시피
스물네 살이나 마흔두 살이나 같잖아요. 나이는
상관없습니다. 이 세상 대다수 아이디얼리스트가

겪는 비슷비슷한 문제라는 것을 그동안 제가 수집한
데이터가 증명합니다.

고민을 홀로 품는 게 습관이 되면 혼자
끙끙거리다가 지쳐 쓰러질 가능성이 크지요.
셜록 황에게 털어놓으면서 본인과 유사한 종족이
어떻게 격랑을 헤쳐나갔는지 조사하며 자신만의
노하우를 터득해야 합니다. 이해의 폭을 넓히면
나만의 길을 창조할 수 있을 겁니다.
　　셜록 황과 W-Tbot이 지구별을 여행하는
아이디얼리스트들의 두 번째 사춘기를 응원합니다.

7

위대한 유산 · · · · · · · · · · ·

불행한 가족사 때문에 연애가 힘듭니다

이번 사연의 주인공은 스스로 자기애가 강하다고 여기는 여대생입니다. 고민이 무엇인지 한번 들어보시죠.

저는 졸업을 앞둔 대학생입니다. 본래 심리학에 관심이 많았는데 요즘 자기 회의가 깊어지면서 더욱더 주의를 기울이고 있습니다. 자기 회의가 깊어진 가장 큰 이유는 남자 친구와의 갈등 때문입니다. 남자 친구와 수십 번 싸우면서 제 문제를 깨달았는데 그건 제가 상대를 사랑하지 않고 관심도 전혀 없다는 것입니다. 저는 어릴 때부터 독립심이 강하고 조숙하다는 말을 많이 들었습니다. 냉담한 면도 있지요. 그런데 이것이 타인에 대한 무관심으로 이어질 줄은 몰랐습니다. 그동안 남자 친구를 꽤 많이 사귀었는데 늘 제가 먼저 좋아해놓고는 막상 연애가 시작되면 감정이 식고 머릿속에서 상대를 밀어내버립니다. 데이트할 때는 재미있게 놀지만 집에 돌아오면 더는 떠오르지 않습니다.

저는 하루 종일 제 생각에만 빠져 있습니다. 지금 남자 친구는 정말 좋은 사람이라 잘 해보고 싶은데 그 사람은 무심한 저 때문에 힘들어합니다. 이제는 저도 남자 친구를 진짜로 사랑하는지, 그냥 좋은 사람이라 놓치기 아까워서 붙잡고 있는 건 아닌지

헷갈립니다. 처음 좋아했을 때는 잠도 못 자고
밥도 못 먹어서 한 달간 몸무게가 5킬로그램이나
빠졌습니다. 가슴이 뛰어요. 그렇게 좋아서
안달이더니, 지금은 왜 이런 걸까요?

저는 냉정한 현실주의자입니다. 구구절절한
가족사가 있는데 과거를 떠올리면 분노가 치밀어
오릅니다. 후련해지기는커녕 상처가 더 곪는
기분입니다. 아빠는 알코올의존증으로 가족을
힘들게 했는데 저는 히스테릭한 엄마에게 더 큰
분노를 느낍니다. 알고 보니 엄마도 우울증으로
자살을 시도했다는 얘기를 나중에 들었습니다.
엄마는 제게 늘 엄청 화를 내면서 무조건 안
된다는 말만 했고 지금도 마찬가지입니다.
저는 여우처럼 굴어서 그래도 덜 혼났는데
동생은 고집이 세서 엄마에게 많이 혼났습니다.
동생이 공부를 못해서 엄마가 직접 가르쳤는데
그 과정에서 매일 한 시간쯤 계속 악을 쓰고
때렸습니다. 그렇게 공포 분위기 속에서 컸어요.
아빠도 정상은 아니었고요.
저는 우울증을 앓고 있는데 특히 비오는 날에는
더 심해집니다. 조울증 같기도 합니다. 기분이 좋을
때는 춤추고 싶을 만큼 들뜨거든요. 또한 남자
친구와 얘기를 나누다가 제게 인격 장애가 있다고
확신하게 되었습니다. 시중에 나와 있는 성격

검사를 해보니 자기애성 인격 장애와 강박적 인격 장애가 있다고 나왔습니다. 자기애성 인격 장애는 타인에게 무관심하고 나르시시즘의 요소가 많은 형태로 나타납니다.

대학에 와서 미친 듯이 바쁘게 살았는데 그게 다 강박적 인격 장애의 모습이라는 생각이 들었습니다. 저는 성격에 문제가 참 많은 것 같습니다.

내담자의 사연을 분석한 결과, 이런 메시지가 도출됐습니다.

"전형적인 아이디얼리스트의 연애 패턴임."

상당히 많은 아이디얼리스트가 사랑하거나 연애할 때 호감 있는 상대에게 물불을 가리지 않고 접근하다가 관심이 사라지면 언제 그랬냐는 듯 안면 몰수하거든요.

이분은 남자 친구에게 무감각한데 상대는 '나를 사랑한다면서 어쩌면 그렇게 무심할 수 있어?'라며 서운해했다면 남자 친구가 이분을 몹시 좋아한다는 의미입니다. 셜록 황은 남자 친구를 로맨티시스트로 추측했습니다. 로맨티시스트는 연인이 나에게 집중해주고 정서적으로 교류하며 매우 내밀한 영역까지 소통하길 요구합니다.

그런데 이분은 본인의 내적 혼란을 드러내면 남자 친구가 충격을 받을까봐 염려스럽습니다. 무엇보다

자존심이 상합니다. 이 경우 남자 친구를 만나면
정서적으로 안정이 되거나 설레기보다는 짜증이 치밀어
오르죠.

'함께 있어도 쟤는 내 감정을 이해 못해. 내가 어떤
처지인지 알지도 못하니까.'

갑자기 남자 친구가 시시해보이면서 마음도
멀어지지요. 그러면서 한편으로 이분은 연인이 괜찮은
사람이고 결혼하면 좋은 남편이 될 수 있다는 것을
압니다.

• • •

시시하지만 좋은 사람인 남자 친구는 현재 계륵
같은 애인입니다. 놓치자니 섭섭해서 붙잡고 있는 거죠.
이건 남자 친구의 잘못이 아니에요. 본인의 심란한
마음이 원인이지요. 이분에게 아이디얼리스트 성향이
더 많다면 이런 유익함과 별개로 '아쉽지만 우리 인연이
여기까지인 것 같다'면서 쿨하게 헤어질 텐데 이분은
리얼리스트 특성도 많아요. 나 갖기는 애매하고 남
주기는 아까워서 이러지도 저러지도 못하고 있습니다.
남자 친구가 정말 괴롭겠네요.

남자 친구는 이분이 심리적으로 꽤 불안정하고
가정사가 복잡하다는 것을 이미 알지도 모릅니다.
그는 '벼랑 끝에 서 있는 내 여자를 구해야겠다. 그녀를

위해 모든 것을 다 하겠다'는 엄숙한 태도일 수 있는데 이분은 스타일 구길까봐 마음을 닫아버렸습니다.

이분은 어렸을 적부터 독립심이 강하고 조숙하다는 말을 많이 들었다고 하는데 그렇다면 이런 생각일 수도 있어요.

'내 문제를 왜 남자 친구에게 떠넘겨야 하지? 내 문제는 혼자 해결해야 해. 저렇게 선한 남자 친구 앞에서 한 점 부끄럼 없는 백설 공주가 되어야 하는데 나는 그렇지 않잖아. 저 사람은 내 모든 것을 납득하고 공감하지 못할 거야. 착한 사람인 건 알겠는데 더 이상 끌리지 않아. 처음에는 좋았어. 참 좋았어.'

연애 초창기에는 '저 사람을 놓치면 안 돼', '저 사람이 나를 싫어하면 어떻게 하지?' 걱정하느라 살이 5킬로그램이나 빠진 것이죠. 그토록 안달한 딱 그만큼, 지금은 도망치고 싶고 쌀쌀맞게 끊고 싶습니다.

기밀을 누설하자면 이분, 자기 본심이 정확히 뭔지 모릅니다. 쟁점은 '남자 친구를 사랑하는지, 사랑하지 않는지'가 아니에요. '내 문제를 해결하려면 남자 친구와 더 이상 관계를 맺지 않아야 해. 그러면 내가 더 고통스럽겠지'라는 생각조차 하고 있지 않아요.

'본인 숙제는 스스로 풀어야 한다'는 독립심을 '자신이 연인을 더 이상 사랑하지 않는다'는 것으로 잘못 해석하는 것이죠.

사랑하지 않는다고 반복해서 생각하다 보니 정말로
그렇게 되어버리는 겁니다. 싫지는 않지만 그다지
관심이 없어지는 것이죠. 더 이상 심쿵하지도 않고요.
이 상태로 남자 친구와 헤어지고 새로운 연애를 시작할
수 있겠지만 지금 남자 친구보다 더 오래 만날 수
있을까요? 아마 힘들 겁니다.

• • •

이분이 처음 남자 친구한테 끌린 이유가 뭘까요?
사랑과 보살핌을 충분히 받지 못하고 자랐다는 이분,
그 욕구를 부모가 충족시켜주지 못하다 보니 자기를
언제나 돌봐주고 지지하며 희생하는 인물을
남자 친구로 선택했을 겁니다. 그런데 이제 와서
그런 점이 지긋지긋하고 갑갑해졌다고 해요. 처음엔
장점이던 것이 어느새 단점으로 둔갑하는 순간,
재빨리 남자 친구를 교체해온 거죠. 이것은 일종의
자해 행위입니다.

자해 행위란 손수 몸에 흠집을 내는 것인데요.
상처가 날 때마다 묘하게 흥분합니다. 고통을 받으면
쾌감이 느껴지는 것이죠. 아주 작은 것부터 시도합니다.
아픔을 경험하기에 충분하니까요. 계속될수록 방식이
과감해집니다. 심지어 담뱃불로 허벅지를 지지거나
면도칼로 손목을 긋습니다.

이분에겐 연애가 이런 자해 행위의 수단입니다.

당면한 상황에서 벗어나려고 연애를 하지만 정작 연애
양상은 자신과 상대를 끊임없이 괴롭히고 부정하는
방식으로 흘러가지요. 또 거기에서 발생하는 죄책감을
극대화시켜 쓰라린 가정환경 속에서 자란 자신을
자책하고 있습니다.

재미있는 사실은 이분이 원래 아이디얼리스트지만
자신의 가정환경이나 처한 현실에서 리얼리스트로
살아야 한다고 다짐하며 그렇게 살려고 노력한다는
점입니다. 그래서 더 나은 미래를 위해 열심히 오늘을
살고 싶지만 아빠는 알코올의존증이고 엄마는
히스테릭합니다. 절망적이죠. 동생이 걱정되지만 해줄
수 있는 게 없습니다. 본인 사는 것도 버겁기 때문이죠.
이분은 눈치껏 엄마의 학대를 피했는데 동생은
늘 맞았잖아요. '휴, 다행이다' 싶다가 한편으로는
죄책감이 듭니다. 가혹한 처사로부터 동생을 지키기
위해 무언가를 해주고 싶은데 그럴 수 없으니까
좌절합니다. 그것이 우울증으로 나타나고 있어요.
그러나 조울증을 얘기할 정도는 아닌 것 같습니다.

이분 WPI 프로파일을 보면 자아가 굉장히 강해요.
안타깝게도 진짜 자기 세계를 건설할 정도는 아니어서
통상적인 틀을 깨지는 못하고 있어요. 매뉴얼과
리얼리스트가 높은 편인데 이분의 핵심적 특징은

아이디얼리스트와 셀프가 일치한다는 점입니다. 그래서 자신이 어떤 사람인지 알기 위해 인터넷을 뒤지며 온갖 정신병리학적 진단 자료를 모은 거예요. 그것이 곧 본인이라고 확신하며 스스로의 정체성을 규정하려고 애쓴 겁니다.

흥미롭게도 인터넷을 떠돌아다니는 온갖 무슨무슨 정신질환 자가 진단 체크리스트는 누구나 보이는 행동 양식을 정신병으로 분류하도록 만드는 놀라운 재주가 있습니다. 그 목록에 따르면 정신병자 아닌 사람이 없죠. DSM-5 같은 기준에 몇몇 단어나 증세와 부합하면 사람들은 '나는 성격 장애가 있는 거야' 하고 서둘러 단정 짓습니다. 그러고는 정신과 약을 복용하죠. 이 순간 자신의 개성과 장단점, 성격을 제대로 파악하려는 노력은 물 건너갑니다.

DSM-5가 뭐냐고요? W-Tbot이 알려드리죠. 미국정신의학협회(American Psychiatric Association)에서 개발한 〈정신질환 진단 및 통계 편람〉이에요. 정신과학, 심리학 분야에서 등장하는 이름인데 지구별 여행자분들이 반드시 알아야 하는 건 아니에요.
　　우리 마음 작용을 온전히 이해하지 못한 채 심리적 혼돈을 신체적 질병과 동일하게 여기면 문제가 발생합니다. 결과적으로 약만 먹으면 치료가 된다고 오해하곤 하지요. 일부 정신과 의사는 약을 배포하는 중개업자 역할을 할 정도로 상황이 심각합니다. 마음에 문제가 있어 찾아온 사람의 심리 패턴을 연구하고 그 마음을 읽어줘야 하는데 문젯거리를 들고 방문한 이에게 약을 투여하기 위해 병명을 갖다 붙이는 거죠. 환자 본인도 난제와 맞서겠다는 의지보다는 약만 요청합니다.

"불안해요" 하면 잠자는 약을 주고 "우울해요" 해도 잠자는 약을 줍니다. 정신과 조제약 중 대다수에 수면제 성분이 들어 있습니다. 그 약을 먹으면 위장 장애가 생기니까 소화제도 들어가는데요. 결국 잘 자고 소화 잘 되니까 '내가 좋아졌구나'라고 착각하게 됩니다.

인터넷에서 구한 자료로 자가 진단한 셀프 성격 검사, 부디 더 이상 하지 마세요. 정신병자되는 지름길입니다. 미국에서 제작한 것을 어설프게 번안하여 체크리스트로 사용하면서 강박 장애, 반사회적 성격 장애 등 온갖 무시무시한 고유명사를 갖다 붙인 건데 누구나 최소 한 가지는 얻어 걸리게 되어 있어요. 이런 식으로 비전문가가 스스로 진찰하는 것은 돌팔이, 일명 야매 진단이라고 합니다.

내담자는 우선 표면적으로 나타난 말썽과 본질적
문제를 구분해야 합니다. 이분이 밝힌 고민이
무엇이었나요? 남자 친구와의 불화였습니다. 연애
상담에 초점을 맞추며 자신이 이상하다는 결론에
도달하고 끝납니다. '나는 환자다!' 자인하는 셈이죠.

하지만 WPI 프로파일을 보면 절대 환자가
아니에요. W-Tbot 데이터에 아이디얼리스트와 셀프가
일치하는 병자는 들어있지 않아요. 자기 주관이 뚜렷한
이분은 본인이 특이하다는 걸 잘 압니다. 본인의
행동이나 판단을 의심하지도 않아요.

'내 남자 친구는 착한데 난 좀 잔인해. 냉정한 것
같아. 그러면 안 되는 것 아닐까?'

약간의 죄책감은 있지만 그것은 쥐를 눈앞에 둔
고양이가 흘리는 눈물 정도입니다. 이분이 스스로를
자기애성 인격 장애, 강박성 인격 장애가 있다고
규정하는 것은 '난 나쁜 게 아니야. 단지 성격적으로
장애가 있을 뿐이야'라는 자기합리화에 불과합니다.

'남자 친구야 미안해. 내가 너를 사랑하지 않는 건
아닌데, 나에게 인격 장애가 있대. 그러니까 나는 못된
게 아니라 아픈 거야.'

이분은 자기합리화를 위해 어마어마한 에너지를
쏟고 있어요. 이 여성이 지독한 나르시시스트라는 것은

WPI 프로파일에 그대로 드러나는 데 말이죠. 자신을 세상에서 제일 사랑하는 나르시시스트는 자기애가 지나치면 이처럼 스스로를 해치게 됩니다.

아이디얼리스트는 미친 듯이 바쁘거나 무언가에 몰두하면 잘 살고 있다며 뿌듯해합니다. 이 강박적 성향은 아이디얼리스트가 보람을 느끼는 신호이기도 합니다. 이분은 '진짜 나'를 찾기 위해 최선을 다 하는 것이 아니에요. 여태까지 잘 살아왔고 앞으로도 잘 살아야 한다는 생존의 당위성을 확보하기 위해 몸부림치는 겁니다.

그 여정에 수많은 남성들이 눈물을 흘리겠지만 어쩔 수 없지요. 해당 남성들도 이런 독특한 여성과의 연애 체험이 썩 나쁘지는 않을 겁니다. 그래야 두 번 다시 이런 여성 근처에도 얼씬거리지 않을 테니까요.

좀 심하다고요? 본디 진실은 아픈 겁니다.

• • •

이분은 자신을 더 비하하거나 비관하겠죠. 스스로를 괜찮다고 다독이는 대신 원망하고 자학할 것입니다. 앞서 말한 자해 행위 강도가 커질수록 그런 자신을 부정하다가 완전히 다른 두 개의 인격을 창조해냅니다.

이분의 시련은 자기 행동에 대해 마음 속 배심원이

유죄 판결을 내리기 때문입니다. 자신이 왜 그런 행동을 하는지 구체적인 이유를 파악하면 자해 행위를 할 필요가 없습니다. 자학과 진짜 자신을 사랑하는 행동은 구별 가능하거든요.

이분이 우울증을 앓는다고 하면 주변 사람들은 어떤 반응을 보일까요? 아마 연민과 위로를 보낼 것입니다. 이분은 그것을 기대하고 우울증을 털어놓는 겁니다. 우울증이 이분의 매력을 배가 시키거든요.

초기 심리학에서 가장 대표적인 질병이 히스테리아입니다. 요즘은 신경증이라고 해서 다양한 병명을 갖다 붙이는 추세죠. 프로이트가 본격적으로 정신분석을 하기 전에는 여성만 걸리는 '음탕한' 질병이라고 낙인찍었답니다. 자궁 때문에 이 병에 걸린다는 이상한 논리를 펼쳤거든요. 특히 귀족 부인들에게 히스테리 증세가 많았는데 이 증상을 치료하겠다며 괴상한 요법을 많이 했습니다. 이분이 병을 셀프 진단하고 여러 가지 행태를 보이는 것과 별반 다르지 않지요.

이분은 지금 야매 진단과 야매 치료를 병행하며 자신의 멜랑콜리한 정서와 히스테릭한 특성을 신나게 발산 중입니다. 그것은 바로 엄마에게 배운 것이죠. 엄마는 동생을 때렸지만 이분은 남자 친구들을 못살게

굽니다. 인간은 자신이 보고 배운 것을 다른 대상에게
실행합니다. 다만 엄마가 잘못했다는 것을 분명히 알고
자신이 남자 친구를 괴롭히는 것도 잘못임을 알기에
이렇게 상담을 의뢰한 것입니다.

이분은 호기심 때문에 양다리를 걸치는 유형은
아닙니다. 매뉴얼이 높거든요. 예를 들어 임자가 있는
남자와 썸이라도 타면 처음에는 아무렇지 않다가
마음이 불편해집니다. 소울 메이트가 나타나도 자신이
정한 규칙에 어긋난다 싶으면 칼같이 정리합니다. 다시
말해 이분은 자기감정을 소중하게 다루지 못합니다.
자기감정을 귀하게 여기는 사람은 남들이 아무리
손가락질해도 신경 쓰지 않아요.

이분은 본인의 원칙에서 벗어나면 겁이 납니다.
그것이 조울증의 형태로 발현되지요. 평온하고
침착한 사람도 날씨에 따라 기분이 변할 수 있어요.
당연하잖아요.
그런데 이분은 끊임없이 '나는 왜 이렇게 변덕
스러운가?' 하고 자신을 닦달합니다. 다른 사람에게
털어놓지도 못합니다. 자신의 마음 상태를 누구도
이해하지 못할 것이라고 믿기 때문입니다. 아마 그
짐작은 맞을 것입니다. 남자 친구도 예외는 아니겠죠.

· · ·

　나를 이해해주지도 못하는 남자 친구를 떠나면
모든 문제가 해결될까요? 정작 헤어짐 이후 무척
고통스러울 겁니다. 이분에게 남자 친구란 존재는
에너지원이자 의지가 되는 중요한 사람입니다. 그런데도
이분은 가급적 빨리 입장을 정리해야 남자 친구에게도
좋고 자신에게도 좋다고 판단하고 있습니다. 이분의
진짜 관심은 진실한 사랑이냐 아니냐에 있지 않아요.
그저 '나라는 늪에 빠진 남자 친구를 구해야 해. 나도
이 남자를 진짜 사랑하는 것이 아니야. 즉시 관계를
끝내는 것이 내가 정신을 차리는 길이야'라고 생각할
뿐입니다. 이걸 실천하는 것은 일종의 자해 행위인데
말이죠.

　이분은 자신의 난점을 막연히 규정하는 데 온
힘을 다하면서도 본인 문제를 확실하게 깨우치는 데는
에너지를 쓰지 않고 있습니다. 그러면서 삶을 손수
엉망으로 만들고 있어요. 자신을 불행으로 몰아넣는
기획자이자 실행자이자 희생자까지 1인 3역을 열연
중인 셈인데 이건 정말 놀라운 신공이죠. 진지하고
꼼꼼하며 고통스럽게 과제를 풀고 있는 듯 보이지만
실제로는 관찰자이자 공모자의 태도로 문제를 규정한
채 해결하고 있습니다. 직면을 회피하는 것이지요.
　민낯을 인정하는 것이 힘들다 보니 좀 더 쉬운 해결

방안을 선택한 것일지도 모릅니다. 고통스러워 보이지만 진짜 자기를 아는 일보다 자학이 더 쉬운 길이거든요.

본인을 정신병 환자로 몰아가는 일은 이제 멈추세요. 그리고 전혀 다른 방향으로 자기를 탐색해보세요. 졸업을 앞두고 있다니 졸업 이후의 삶을 연구해보는 것도 괜찮겠네요. 심리학적 지식이나 이론에 매몰되어 자신을 알아가려는 시도를 멈추고 전혀 다른 방식으로 자신에게 접근해보세요. 그러다 보면 진짜 자기가 누구인지 알게 될 수도 있어요. 그렇게 자신을 정확하게 알면 그동안 절대 규범이라고 믿었던 많은 것이 빈껍데기에 지나지 않음을 깨닫게 됩니다.

그리고 무엇보다 부모는, 이제 그만 인생에서 싹 지워버리세요. 부모가 남긴 유산은 불유쾌하지만 그걸 끌어안고 사느냐 아니냐는 본인이 결정할 수 있는 문제입니다. 그 유산이 불유쾌하다는 것을 인지하는 것만으로도 그것은 위대한 유산이 될 겁니다.

달, 공주 그리고 광대 · · · · · · · · ·

'그게 어떤 일이냐'보다 '내가 어떤 사람인지'

이번 사연은 매번 최종 면접에서 탈락하는 취준생 이야기입니다. 어떤 사연인지 살펴볼까요?

저는 취업을 준비 중인 스물일곱 살 남자입니다. 고등학교 때 별 뜻 없이 수학을 못해서 문과를 선택했고 취업이 잘 된다고 해서 경영학과에 진학했습니다. 그런데 전공을 살리기에는 대인 관계에 별로 관심이 없습니다. 또 전문 자격증을 취득하려고 몇 년을 투자해 똑같은 공부를 하는 것이 적성에 맞지 않아 다른 길을 모색했지요. 군대에서는 틈틈이 쓴 소설을 내부 게시판에 올려 호응을 얻으며 재미있는 시간을 보내기도 했습니다. 복학 후에는 게임 기획자가 되려고 혼자 기획안을 작성하기도 했고요.

직장을 다니는 친구들을 보니 하고 싶은 것보다는 조직의 목표를 위해 일하는 것 같았어요. 또 조직에서 일하려면 여러 사람과 부대껴야 하는데 그게 자신이 없어서 최소한의 인간관계만 요하는 일을 찾다가 그나마 IT 업종이 나을 것 같았습니다. 작년 가을부터 준비해 지난달에 학원 수업을 마무리하고 본격적으로 지원서를 작성했습니다. 정말 가고 싶었던 유력 기업의 서류 전형에 통과해 최종 면접을 보며 '아, 나도 노력하니까

전공자와 대등하게 기회가 생기는구나' 싶어
기분이 좋았습니다. 그런데 막상 면접을 보러 가니
전공자들은 관련 경험이 풍부했고 심지어 다른
곳에서 경력을 쌓은 경우도 있었습니다. 게다가
아무리 IT라고 해도 면접관들은 팀워크를 중시하고
활발한 사람을 원하는 듯했습니다. 저도 나름
단점을 숨기려고 노력했지만 결정적인 순간에는
거짓말을 못해서 냉정한 면이나 혼자 있는 것을
즐긴다는 것이 죄다 들통났습니다.

최종 면접에서 떨어진 게 다섯 번뿐이라 낙담은
이르지만 지금보다 더 완벽하게 거짓말을
해서 원하는 회사에 입사해도 얼마나 버틸지
걱정입니다. 사람들과 어울리는 것이 불편하니
직장에 다녀도 관리자로 성장하지 못해 10년
이상은 버티기 어려울 것 같습니다. 이런 부정적인
생각 때문에 방황하고 있습니다.

그냥 단순 노동을 하고 퇴근 후 글을 쓰거나
이제라도 다시 아이디얼리스트다운 일을
탐구해볼까 고민도 했지만 예전처럼 글을 써서
성공할 수 있을 거라는 확신이 없습니다. 그때는
근거는 없었어도 자신감이 있었는데 말이죠.

저는 본래 아이디얼리스트지만 돈을 벌 수 있는
확실한 일을 해야 한다는 생각 때문에 리얼리스트

성향이 높아진 것 같습니다. 물론 돈을 많이
벌겠다는 욕심이나 가정을 꾸리고 싶은 마음은
없습니다. 그렇지만 마흔 살 넘어 고시텔 아저씨로
생활할지도 모른다는 상상을 하면 두렵습니다.
어떻게 하면 이런 방황에서 벗어날 수 있을까요?

저는 인간관계에 무관심합니다. 중학교 때까지
절친이라고 할 만한 친구가 없었습니다. 항상
혼자였고 동아리 동기나 학과에서 두세 명만
알고 지내는 수준이었습니다. 그렇다고 사람을
두려워하는 것은 아닙니다. 저도 제가 하고 싶은
프로젝트가 있으면 팀장 같은 걸 자처했는데
제 매력이 부족한 탓인지 팀원들은 그냥 따라오는
척만 하더라고요.

셜록 황이 이야기를 모두 듣더니 이렇게 말했습니다.
"자기 탐색을 비교적 잘했네요."

아이디얼리스트 특성이 뚜렷한 이 남성은
그다음으로 리얼리스트와 에이전트가 높은데 반해
로맨티시스트와 휴머니스트는 바닥입니다.
　이런 프로파일을 지닌 분은 대개 타인에게 관심이
없어서 대인관계가 서툽니다. 타인과 알뜰살뜰하게
감정을 주고받는 것을 매우 부담스럽게 여기고 힘들어

하지요. 그냥 본인이 느끼고 사유하는 대로 살고 싶어
해요. 이것 자체는 나쁘지 않지만 그렇게 살려면 거기에
맞는 방법을 터득해야 합니다.

• • •

이런 분들이 대개 소설을 쓰고 싶어 하지요.
아이디얼리스트는 본인이 소설을 쓰면 남다른 이야기가
나오기 때문에 상당히 인기가 있을 거라고 기대합니다.
군대에서 틈틈이 인트라넷 공간에 소설을 연재했던
이력을 얘기했는데 그때의 독자는 특수한 상황에 처한
사람들이에요. 즉, 통상적인 사회생활 중인 일반인이
아니에요. 아이디얼리스트는 아이디어가 기발하고
엉뚱해서 그걸 소설이나 만화로 작업하면 많은 사람이
환호할 것이라고 착각하는데 그렇게 덤볐다가 대부분
망합니다.

아이디얼리스트가 대중에게 인정받고 스스로
만족하려면 차별성이 도드라져야합니다. 어떤
분야인지는 중요치 않아요. 그 일을 하는 다른 사람과
얼마나 다른지 구별되어야 합니다. 차이의 가치도
분명해야 하고요.

경영대를 졸업하고 IT 학원에서 6개월 수강하면
웬만큼 그 분야 전공자 흉내는 냅니다. 그런 기본적인
기술을 갖춘 직원을 찾는 회사가 많아요. 그래서 최종

면접까지는 가는 겁니다.

기업은 말로는 창의적인 인재를 바란다면서 속마음은
말 잘 듣는 노예를 원합니다. 아이디얼리스트에겐
굉장히 불리하지요. 아이디얼리스트가 간택되려면 뭐든
시키는 대로 사심 없이 잘하겠다고 대답해야 하는데
안타깝게도 "저는 혼자 일하는 것을 좋아하고 간섭받는
것을 싫어하며 자유롭게 일하기를 바랍니다" 하고
응답합니다.

W-Tbot이 이분 면접 광경을 재생해봤습니다.
"왜 우리 회사를 지원했나요?"
"저는 여럿이 어울려서 일하는 것보다는 혼자일 때
더 좋은 성과를 냅니다. IT 업계는 홀로 작업해도 되는
것 같아 지원했습니다."
"우리 회사는 팀워크를 중요시하는데요."

아이디얼리스트가 취직해서 먹고살려면
빨리 시시포스 모드로 전환해야 합니다. 그런데
아이디얼리스트가 시시포스 모드로 바뀌려면 거기에
나름의 의미를 부여해야 하거든요.
그렇다고 이분이 시시포스를 거부하는 것은
아닙니다. 이미 적극적으로 시시포스로 살고 있어요.
단지 시시포스가 뭔지 모를 뿐입니다. 셜록 황은 이렇게
조언했습니다.

"현재 당신은 시시포스로서 어떻게든 입사하려고
애쓰는 중이에요. 한데 당신은 이미 시시포스라는
걸 시인하지 않고 있어요. 이를 두고 인간관계에
무관심하고 사회성이 떨어진 탓으로 포장하는데 본디
당신은 그런 사람이 아니에요. 잘 통하는 지인과는
밤새워서 일할 수 있고 당신의 아이디어를 독려하고
교감이 잘 되면 옷이라도 벗어줄 정도로 친밀한 관계를
좋아합니다."

이분은 실제로 이렇게 행동할 타입이에요.
트러스트가 아주 높거든요. 격려와 지지를 보내는
사람이 있다면 잘할 텐데 누구도 이분을 제대로
파악하지 못하고 공감도 해주지 않아요.

• • •

게다가 이분은 본인 강점이 무엇인지 전혀 모르고
있어요. 학원을 6개월 다니고 유력 기업의 최종
면접까지 갔다면 대단한 겁니다. 스펙이든 뭐든 특별한
무엇이 있다는 건데 그런 게 없었다면 1차 서류
전형에서 탈락했겠죠.

서류가 통과했다는 것은 다른 지원자에 비해 장점이
있어서 회사가 호감을 가졌다는 의미입니다. 면접에서
긍정적으로 어필만 하면 되거든요. 그런데 이분은
면접관 앞에서 본심을 그대로 드러내고 있습니다.

'사교성이 부족해요.'

'혼자 일하고 싶어요.'

'취직을 하려는 것은 이 회사가 좋아서라기보다는 월급이 필요해서예요.'

이런 구직자를 반길 회사가 있을까요?

직장에 다녀도 관리자로 성장하지 못해 10년 이상 버티기는 어려울 거라는 고백은, 이분이 세상을 자기중심적으로 보고 있다는 증거입니다. 10년을 버티는지 아닌지는 일단 들어가고 난 후에 고민해도 늦지 않거든요. 불합격할 것 같으니까 미리 선수 치는 겁니다. 끊임없이 변명거리를 생산하는 것이지요.

이분의 진짜 걱정은 면접관이 실수로 '나를 덜컥 뽑으면 어떻게 하지?'입니다. 본인이 진심을 밝혀서 떨어져야 정상이고 만에 하나 합격한다면 그것은 본인이 면접관에게 사기를 쳤기 때문이라고 여깁니다. 그래놓고 막상 불합격하면 '내가 왜 그랬지?'라고 자책합니다.

이것이 바로 시시포스 심리의 전형입니다. 저주를 받아서 시시포스처럼 계속 삽질을 반복하는 거죠. 다른 지구별 여행자들이 보기에는 황당한 상황일 겁니다. 그들은 이분에게 이렇게 묻고 싶어 입이 근질근질하죠.

"그리 걱정되면 이력서 안 넣으면 되잖아?"

그러면 이분은 이렇게 답하겠죠.

"먹고살아야 하잖아요."

하기 싫어도 '목구멍이 포도청' 주문을 외우며 구직 활동을 하는 거죠. 이 말을 듣고 셜록 황이 한마디 합니다.

"생계는 다양한 방법으로 이어갈 수 있어요. 아이디얼리스트인 당신에게 정말 중요한 건 따로 있지요."

이분이 취업할 때 고려해야 할 것은 '그게 어떤 일이냐'보다 '내가 어떤 사람인지'예요. 무엇에 차별점이 있고 상품 가치가 있는지, 그것을 선명하게 드러내려면 어떻게 해야 하는지를 아는 것입니다. 단점을 감추는 일에 힘을 쏟을 필요가 없어요. 재채기와 약점은 숨겨지지 않는다잖아요. 장점으로 시선을 돌리면 됩니다.

• • •

옛날 어느 나라에 철없고 귀여운 공주가 살았어요. 그런데 어느 날 공주가 시름시름 앓기 시작했지요. 공주를 아끼는 왕은 왕국 곳곳에 공고를 붙였습니다.

'공주의 병을 고칠 사람 구함!'

온갖 명의들이 공주의 병을 고쳐보려 했지만 모두 실패했지요. 왕이 시름에 잠기자 광대가 공주를 기쁘게 해주려고 나섰습니다.

광대가 공주에게 물었어요.

"공주님, 어디가 아프셔요? 왜 아프신 건가요?"

공주가 대답했습니다.

"내가 이렇게 아픈 이유는 하늘에 있는 달을 갖고 싶기 때문이야. 밤마다 궁궐 지붕에 올라가 긴 막대기로 달을 따려고 했거든. 달이 잡힐 듯 잡히지 않았어. 그 달이 하늘뿐 아니라 궁궐 연못에도 있더라고. 연못의 달도 건져지지 않는 거야. 그렇게 매일 달을 잡으려다가 쓰러졌어."

광대는 즉각 왕에게 달려가 아뢰었습니다.

"왕이시여! 공주님의 발병 원인과 치료법을 알아냈습니다. 공주님은 달을 갖고 싶어 합니다."

왕은 즉시 명령을 내렸습니다.

"당장, 달을 따 오거라!"

과학자들이 소환되었지만 이구동성으로 외쳤습니다.

"달을 따는 것은 불가능합니다."

과학자들은 달의 크기가 왕국의 몇 배고 거리는 얼마나 멀고 어쩌고 하면서 안 되는 까닭을 산더미처럼 늘어놓았습니다. 그러자 광대가 또다시 공주를 찾아가 물었습니다.

"공주님, 공주님. 달은 무엇으로 만들어졌나요?"

"광대야, 넌 참 멍청하구나. 달을 보거라. 무슨 색이니?"

"노란색입니다. 반짝반짝 빛나고요."

"노랗고 반짝거리는 건 뭐니? 금이지?"

"그렇군요. 역시 우리 공주님은 과학자보다
똑똑하셔요. 공주님, 그렇다면 달의 크기는 얼마나
될까요?"

"응. 내 엄지손가락을 달에 댔더니 딱 손톱으로
가려지더라. 달은 내 엄지손톱만 해."

"우리 공주님, 진짜 영특하셔요. 훌륭하십니다.
제가 마지막으로 하나만 여쭈어도 될까요? 달을 따오면
공주님은 어디에 쓰실 건가요?"

"그럼, 그렇지. 광대가 이 공주의 마음을 어찌
알겠니. 반짝거리고 예쁜 것이 있으면 여자는 목에
걸고 싶은 법이란다. 그걸로 내 목걸이를 만들면 얼마나
예쁘겠니?"

"그렇겠네요. 공주님. 제가 과학자들에게 달을
따다가 예쁜 목걸이로 만들어달라고 부탁해도 될까요?"

"네가 그렇게까지 서비스 정신이 투철한지
몰랐구나."

그다음 주에 공주님은 블링블링한 목걸이를
목에 걸고 병이 씻은 듯이 나았답니다. 달을 따온
과학자들은 훈장을 받았고요.

참으로 훈훈한 동화입니다. 광대는 어찌되었을지
궁금하네요. 아시는 분 있으면 W-Tbot에게 연락
부탁드립니다.

내담자가 간절히 바라는 것도, 동화 속 공주가
원했던 달일지 모릅니다. 자기 마음속 달이 진짜 달인지
아닌지 조차 명확하지 않아요. 그 상태에서 달을
꿈꾸고 있습니다.

　　지금 내담자에게 필요한 것은 먼저 마음속에 있는
달을 다시 한 번 정의하는 일입니다.

아이디얼리스트

세상에 대한 이해를 통해 자유를 느끼고 존재감 획득

    — 이상주의적, 창의적.

    — 에고이스트 성향, 고집.

    — 전문성과 탁월성 중시, 자기도취 성향.

독립적이고 관계에 무심하고 탈권위적

    — 관행이나 의무를 거부하고 조직 관리에 취약.

    — 정체성을 무궁무진하게 확장.

    — 자신이 이해한 바를 세상과 공유하고자 함.

아이디얼리스트는 자기 생각이나 믿음이 유난히 강합니다. 때로는 자기 의견만을 너무 강하게 주장해서 다른 사람의 말이나 의견을 무시한다는 인상을 주죠. 이런 특성은 무엇보다 '자기 자신'을 가장 중요하게 여기는 성향 때문입니다.

아이디얼리스트는 자기 생각대로 살아가면서 그 믿음이 옳다는 확신이 들 때 삶의 자유를 느낍니다. 또 이렇게 하는 것이 아이디얼리스트가 세상에서 스스로의 존재감을 획득하는 방식입니다. 아이디얼리스트는 자기 생각이 옳다는 확신이 들면 서슴없이 행동에 옮깁니다.

조직 관리에 취약하고 사회생활에서 요구되는 관행이나 의무를 거부합니다. 그래서 직장에서 아이디얼리스트를 바라보는 눈길은 그다지 곱지 않습니다. 무엇보다 일할 때 주도권을 갖지 못하면 일 자체에 흥미를 잃어버립니다. 그리고 남들이 힘들어하는 도전적인 과제를 상상력과 창의력으로 돌파하려고 합니다. 만일 아이디얼리스트가 회사를 그만두려 한다면 그 이유는 매일 반복되는 업무를 수행하는 게 다른 사람들과 달리 너무 고통스럽기 때문입니다. 아이디얼리스트는 타인의 욕구에 맞춰야 하고 구태의연한 작업을 반복하는 걸 견디기 힘들어합니다.

아이디얼리스트는 창의력이 넘쳐나는 일, 자유로운 영혼으로 해결할 수 있는 일을 꿈꿉니다. 늘 새로운 것을 시도하며 리더가 되면 남들이 보지 못하는 곳을 보고 획기적인 방향을 제시합니다. 따라서 아이디얼리스트는 벤처 기업의 사장이나 창의성이 요구되는 직종에 잘 어울립니다. 그러나 아이디얼리스트에겐 정리를 잘해주는 부하 직원이 꼭 필요합니다.

아이디얼리스트는 사람이나 세상에 대한 호기심이 많은 한편 남다른 걸 좋아합니다. 새로운 것에 관심이 많고 독립적인 사람입니다. 늘 자기 정체성을 확인하고 그것을 확장하려 합니다. 아이디얼리스트는 자기 생각을 공유할 수 있으면 즐겁지만 공유하지 못할 경우에는 공허함과 허무감을 느낄 가능성이 높습니다.

아이디얼리스트의 남다른 자기 찾기

독특한 게 어때서

첫판 1쇄 펴낸날 2017년 11월 3일
4쇄 펴낸날 2023년 2월 7일

지은이 황상민
발행인 김혜경
편집인 김수진
편집기획 김교석 조한나 김단희 유승연 김유진 임지원 곽세라 전하연
디자인 한승연 성윤정
경영지원국 안정숙
마케팅 문창운 백윤진 박희원
회계 임옥희 양여진 김주연

펴낸곳 (주)도서출판 푸른숲
출판등록 2003년 12월 17일 제2003-000032호
주소 경기도 파주시 심학산로 10(서패동) 3층, 우편번호 10881
전화 031)955-9005(마케팅부), 031)955-9010(편집부)
팩스 031)955-9015(마케팅부), 031)955-9017(편집부)
홈페이지 www.prunsoop.co.kr
페이스북 www.facebook.com/simsimpress   **인스타그램** @simsimbooks

ⓒ황상민, 2017
ISBN 979-11-5675-717-7(04180)
ISBN 979-11-5675-713-9(세트)

심심은 (주)푸른숲의 인문·심리 브랜드입니다.